JN303891

ワンランク上をめざす保育者のために

年齢別
0～5歳
5分でできる
手づくりおもちゃ
100倍楽しむ本

木村 研
編著

いかだ社

はじめに

　近頃では、手づくりおもちゃの講師を頼まれると、子どもではなく指導者（保育士・教師・学童保育の指導員・図書館や文庫関係の人など）への講習を希望するようになりました。子どもがイヤというわけではありません。それどころか、子どもたちと一緒につくっていると、新しい発見や学ぶことがたくさんあります。むしろ一緒に遊びたい、というほうが正しいでしょう。それでも指導者を希望するのは、ボクが頑張って100人の子どもに教えるよりも、10人の先生に教えて、その先生たちが教えるほうがもっと広がるからです。
　また、子どもたちの講習会やワークショップで、ついつい多く教えようと思ってしまう。それがイヤなんです。「おもちゃ」は、子どもが遊ぶための道具ですから、つくったらまず遊んでほしい。十分遊んで満足してから、次のおもちゃを教えればいい。講習会などのように、急がせたり、待たせたり、講師のペースでやるのが好きじゃないんです。子どものペースに合わせて教えたい。ただそれだけなんです。
　つまり指導者は、子どもには「楽しい」ということを教えればいいのです。

　この本では年齢別に3つの章に分けています。0・1歳の章では小さい子でも面白く遊べるおもちゃを選びました。2・3歳の章では子どもがおもちゃづくりに参加できるものを選びました。4・5歳の章では楽しさがわかれば自分でつくれるおもちゃを選びました。
　とはいえ、これはあくまでも目安です。楽しいことがわかれば、きっともう1つつくりたくなるし、友だちにも教えたくなるでしょう。そのために指導者の方は、ただつくらせようとは

しないで、そのおもちゃの面白いところがわかるように教えたり、つくらせたりしてほしいのです。

　ボクが子どもたちに教えるときは、その目的に合わせて下準備を考えます。大人数の場合や時間が少ないとき、あるいは異年齢の子どもでやるとき。また、子どもたちに「ここはやらせたい」と思えば、時間をかけても大切なことはやらせます。

　ときには、あらかじめつくっておいて、渡して遊び方だけを教えることもあります。しかし、全部つくってしまっては、子どもたちが満足しない場合もあります。そんなときは絵をかくことで満足してもらいます。「輪ゴムでっぽう」（p.86）などでは必ず「的」づくりもします。幼児にはつくってあげてもいいし、点数をかいてあげてもいいでしょう。でも、年長児なら自分でいろんな的をたくさんつくり、遊び方まで工夫するでしょう。

　ですから、保育者の人にはたくさん覚えていただいて、子どものペースに合わせておもちゃを教えていってほしいのです。そのためには、年齢などに合わせて教室で教えるおもちゃ、遊びのコーナーで次々につくるおもちゃ、一度にたくさんの子どもとつくるおもちゃと、それぞれの下準備を考えてください。子どもたちを待たせたりしなくて済むような下準備を。

　本書では、巻末に下準備の例を挙げて紹介しています。目的に応じて参考にしていただけたら幸いです。

2008年2月6日

　　　　　　　　　　　　　　　　　　　　　　　　木村　研

0・1歳から遊べるおもちゃ

1 どっくんどっくん……………6
2 変身絵本……………8
3 こっちだよ人形……………10
4 ごろんごろん、ぶたくん……………12
5 ふわふわ羽根つき……………14
6 サイコロじゃんけん……………16
7 絵合わせパズル……………18
8 まてまてこねこ……………20
9 もどってこいペット……………22
10 つなひき虫……………24
11 ストロー袋のロケット……………26
12 くるくるストロー……………28
13 ゆらゆらてるてるぼうず人形……………30

2・3歳が楽しむおもちゃ

1 カバのパックンチョ……………32
2 白鳥のおめざめ……………34
3 ゆらゆらシーソー……………36
4 とっとこあやつり人形……………38
5 くるくるうさぎ……………40
6 ストローの射的やさん……………42
7 トレー風車……………44
8 8の字風車……………46
9 ロケットガン……………48
10 紙皿のごちそうルーレット……………50
11 落とし玉マシーン……………52
12 かんたんトントンずもう……………54
13 トレージグソーパズル……………56
14 大型とことこ迷路ゲーム盤……………58
15 ねずみのチューチューレース……………60

目次

4・5歳でやってみたいおもちゃ

1　びっくりカエル絵本……………62
2　変身お面……………64
3　牛乳パックのはんこ……………66
4　くねくねへび……………68
5　大型カメラ……………70
6　暗号ケータイ……………72
7　くるりっぱのキャッチサンタ……………74
8　ふわふわくん……………76
9　ふわふわパラシュート……………78
10　鳥かごタココプター……………80
11　かんたん皿まわし……………82
12　とんぼグライダー……………84
13　輪ゴムでっぽう……………86
14　カタカタがんばり車……………88

下準備のススメ……………90

型紙……………91

作品づくりの前に用意しておくと便利な道具
- 筆記用具（えんぴつ・消しゴム・油性ペン・色えんぴつ・絵の具・クレヨン）
- 接着道具（セロハンテープ・ガムテープ・布ガムテープ・両面テープ・ビニールテープ・木工ボンド）
- 切るときに使う道具（はさみ・カッター）
- その他（ホッチキス・押しピン・穴あけパンチ・千枚通し・キリ・定規・コンパス）

☆各ページの"用意するもの"には、その作品をつくるために必要なものを表示してあります。

1 どっくんどっくん

まるで生きているように、水がどっくんどっくんと脈打って落ちていきます。

遊び方

① つなぎ合わせたペットボトルを持ってひっくり返す。
② 中の水が下のペットボトルに落ちるとき、どっくんどっくんと流れるよ。

どっくん
どっくん

0・1歳から遊べるおもちゃ

| 用意するもの | ミネラルウォーターなどのやわらかいペットボトル（500㎖）2本　水 |

つくり方

① 1本のペットボトルに水を入れる。水に色をつけてもよい。
② もう1本のペットボトルを逆さにのせ、飲み口をビニールテープで固定する。

ビニールテープ

だっこして
どっくんどっくん！

0・1歳から遊べるおもちゃ

応用

● 大きなペットボトルでもやってみよう。
● 水のほかに、中にいろいろなものを入れてみよう。

ドングリが
おどってる〜

2 変身絵本

パッと一瞬で絵が変わるおもちゃです。
この効果を生かしていろいろな絵本をつくりましょう。

遊び方

① 変身絵本のつまみを持つ。
② つまみを左右に引くと、絵の部分が回転して絵柄が変わる。
③ つまみを押すと絵が元にもどる。この繰り返しをしよう。

おいしいリンゴ

パッ

たべちゃった！

| 用意するもの | 画用紙 |

つくり方

① 画用紙をハガキ半分大に切り、図のように切りこみを入れる。
② 前後に折り目をつける。折ったところが持てるように。
③ 表と裏に違う絵をかく（連続性を持たせるなど、使う目的に合わせて）。

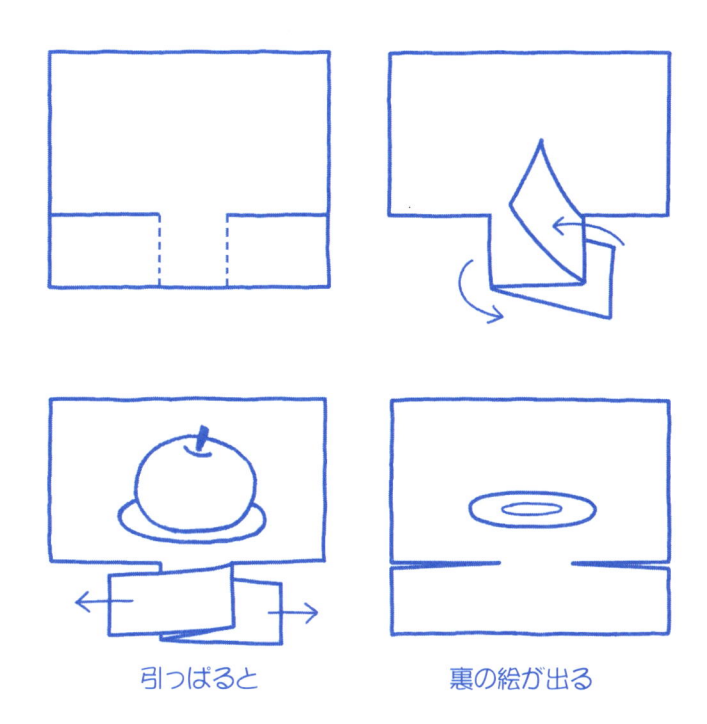

引っぱると　　裏の絵が出る

例

- 絵が消えて現れるパターン。幼児と遊ぶ時はゆっくりやる。
- 絵をかく位置を変えると、絵が動いているように見える。
- 早く回転させると絵がひとつになる。

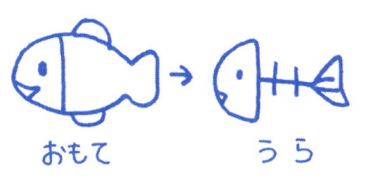

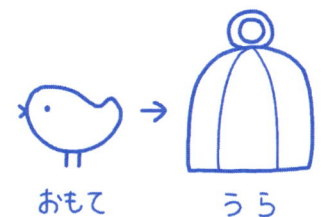

おもて → うら
おもて → うら
おもて → うら
早く回すと！

0・1歳から遊べるおもちゃ

3 こっちだよ人形

人形が上から現れたり、下から顔を出したりするおもちゃです。「こっちだよ〜」と言いながら遊びましょう。

遊び方

① こっちだよ人形を子どもに見せる。
② 箱をひねって下から人形を出し、「こっちだよ」と言う。
③ 逆にひねると今度は上から人形が現れる。これを繰り返そう。

0・1歳から遊べるおもちゃ

こっちだよ！
キャッ
キャッ
パッ
パッ
こっちだよー

| 用意するもの | 牛乳パック（500㎖）　　画用紙 |

つくり方

① P.92の型紙をコピーして人形を切りとる。
② 図のように牛乳パックを切りとり、箱の上下に動物を貼る（一方の人形が現れた時、もう一方の動物が完全にかくれる位置に貼る）。

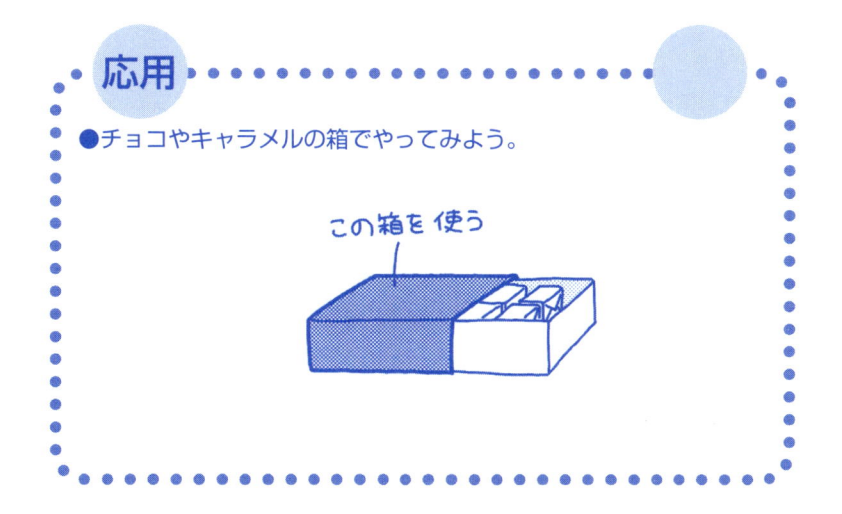

0・1歳から遊べるおもちゃ

応用

● チョコやキャラメルの箱でやってみよう。

この箱を使う

4 ごろんごろん、ぶたくん

押しても転がしても元にもどる、「おきあがりこぼし」のぶたくんです。幼児のお友だちになるおもちゃです。

遊び方

① 小さい子なら、大人がゆらゆら揺らしてあげる。
② 自分でできる子は、押したり転がしたりして遊ぼう。

0・1歳から遊べるおもちゃ

| 用意するもの | ガムテープの芯　油ねんど（重りにする）　画用紙 |

つくり方

① ガムテープの芯に、油ねんどを布ガムテープなどで固定する。
② 芯の円形に合わせて切った画用紙を、ふたをするように前後に貼る。
③ テープの面にもぐるりと1周紙を貼る。
④ 重りのついたほうを下にして、ぶたくんの顔をかく。耳や手足などもつけて完成させる。モールでしっぽをつけてもよい。

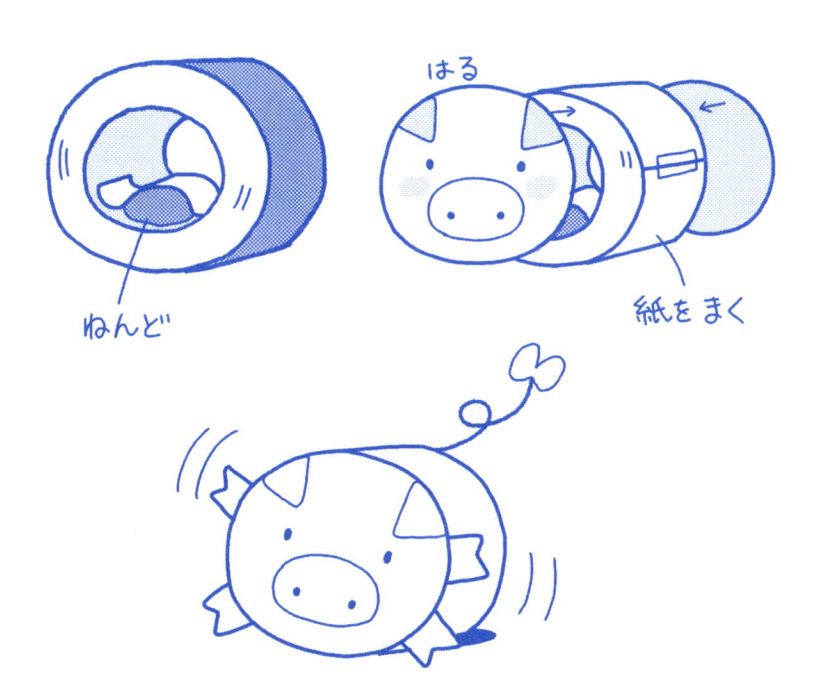

はる

ねんど　　　紙を まく

応用

● 子どもがかいた絵などを貼ってみよう。

0・1歳から遊べるおもちゃ

5 ふわふわ羽根つき

幼児のペースに合わせてできる羽根つきです。
また、幼児でも楽しめるようにリードできる羽根つきと
言ってもいいでしょう。

遊び方

① 子どもと向かい合い、やさしくふわりと羽根を投げる。
② 子どもの手が当たって羽根が上がったら、そっと返すように羽根をつく。
③ ゆっくりゆっくり、子どもの運動能力に合わせたペースで。ほめて、長く続くようにやってみよう。

0・1歳から遊べるおもちゃ

用意するもの 薄いポリ袋（スーパーなどにあるもの）　風船　折り紙　毛糸など

つくり方
① ポリ袋をふくらませて口をしばる。
② 油性ペンで好きな絵をかく。
③ 袋の中に何か入れてもよい。
　［例］風船　折り紙　動物の絵など（ねずみならしっぽもつけて、ねずみらしくしてみよう）

ふうせんや絵を入れる

毛糸

おり紙を入れる

応用
●年長児なら、しばった口にミルク容器をかぶせて固定するなどの重りをつけよう。早く飛ぶので上級用になるよ。
●スチロールトレーを羽子板に見立てて遊んでも楽しい。

0・1歳から遊べるおもちゃ

6 サイコロじゃんけん

牛乳パックでじゃんけんサイコロをつくって、じゃんけんをして遊びましょう。大人も子どもも対等の勝負ができるので、親子で一緒に遊べます。

遊び方

① じゃんけんサイコロを持ち、向かい合って立つ。
② 「サイコロじゃんけん、じゃんけん、ポイ」でサイコロを投げる。
③ サイコロにかいてある手でじゃんけん勝負をしよう。

| 用意するもの | 牛乳パック（1ℓ）…人数分　紙 |

つくり方

① 牛乳パックを図のように切りとる（牛乳パック1本でサイコロが1個できる）。
② サイコロをつくる。のりしろ部分は外側に出したほうがつぶれない。
③ P.91の型紙をコピーして（グー、チョキ、パーを各2枚）、6面に絵を貼る。
④ 1人にひとつ。人数分つくる。

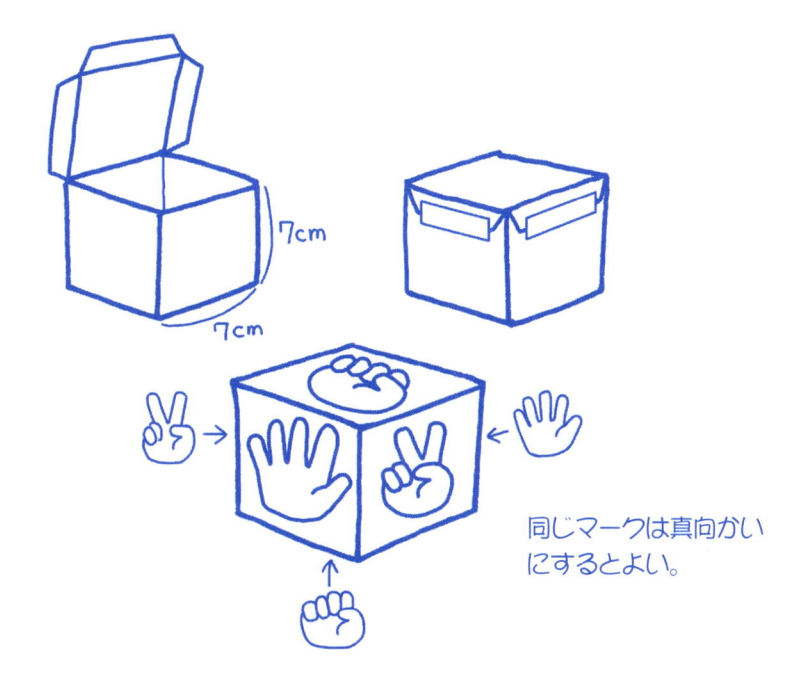

7cm
7cm

同じマークは真向かいにするとよい。

応用

● 数人でサイコロじゃんけんをしよう。
● ゲームに合わせてサイコロをつくろう。
[例]　いい顔つくろうじゃんけんゲーム
　　P.91の型紙をコピーして6面に顔を貼る。サイコロをふって出た顔と同じ表情をしよう。
　　他に、「点取りゲーム」なら点数を、「歌遊び」なら歌をかいて、たくさん遊んでみよう。

0・1歳から遊べるおもちゃ

7 絵合わせパズル

3個のサイコロを組み合わせた絵合わせパズルです。
子どもの写真や絵を使えばお気に入りまちがいなし！

遊び方

① 上・中・下の3個に分けたサイコロを子どもにわたす。
② 組み合わせて絵がそろったら完成。

「できた！」

「うさぎさん」

0・1歳から遊べるおもちゃ

| 用意するもの | 牛乳パック（1ℓ）3本　21cm×7cmの紙6枚 |

つくり方

① 牛乳パックを切り、7cm×7cm×7cmのサイコロを3個つくる。ふたをかぶせたらビニールテープでとめる。
② 21cm×7cmの紙を3等分して、上（頭）・中（おなか）・下（足）に絵をかく。これを6種類つくる。
③ 紙を切り離して、上・中・下のグループに分ける。
④ サイコロ3個にそれぞれを6面に貼る。

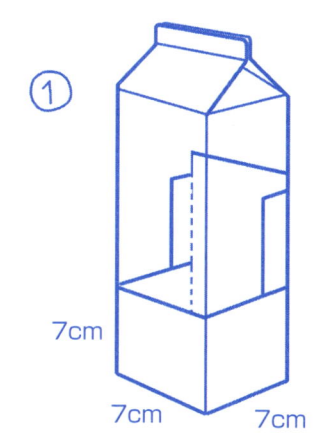

① 牛乳パック1本から1コ サイコロ ができる

のりしろ部分は外側に出したほうがつぶれない。

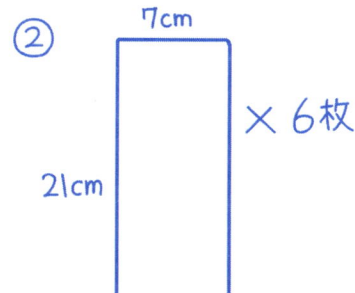

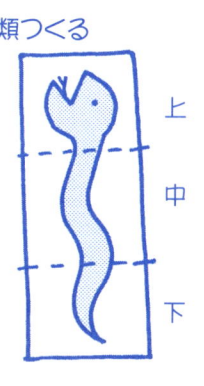

② 7cm × 21cm ×6枚

このほかに3種類、計6種類つくる

上／中／下

それぞれ パックの色を かえると あわせやすいよ

0・1歳から遊べるおもちゃ

応用

● 年齢に応じてサイコロの数を変えても楽しい。小さい子なら2個、大きい子なら2列にして4個や6個でやってみよう。
● 絵の代わりに写真や切り抜きでもよい。

8 まてまてこねこ

転がしながら遊びます。ねずみを追いかけて、ねこが生きているように元気にはねますよ。

遊び方

① ねこの体をのばしておく。
② 転がすと、ねこが引っぱられてくるくる回るよ。

ぐるんぐるん

| 用意するもの | ガムテープの芯または空き缶　画用紙　毛糸 |

つくり方

① ガムテープの芯に、ぐるりと1周紙を貼る。
② P.92の型紙をコピーして、ねこの手を紙の端に貼る。
③ 毛糸のしっぽをつけてねずみを貼る。

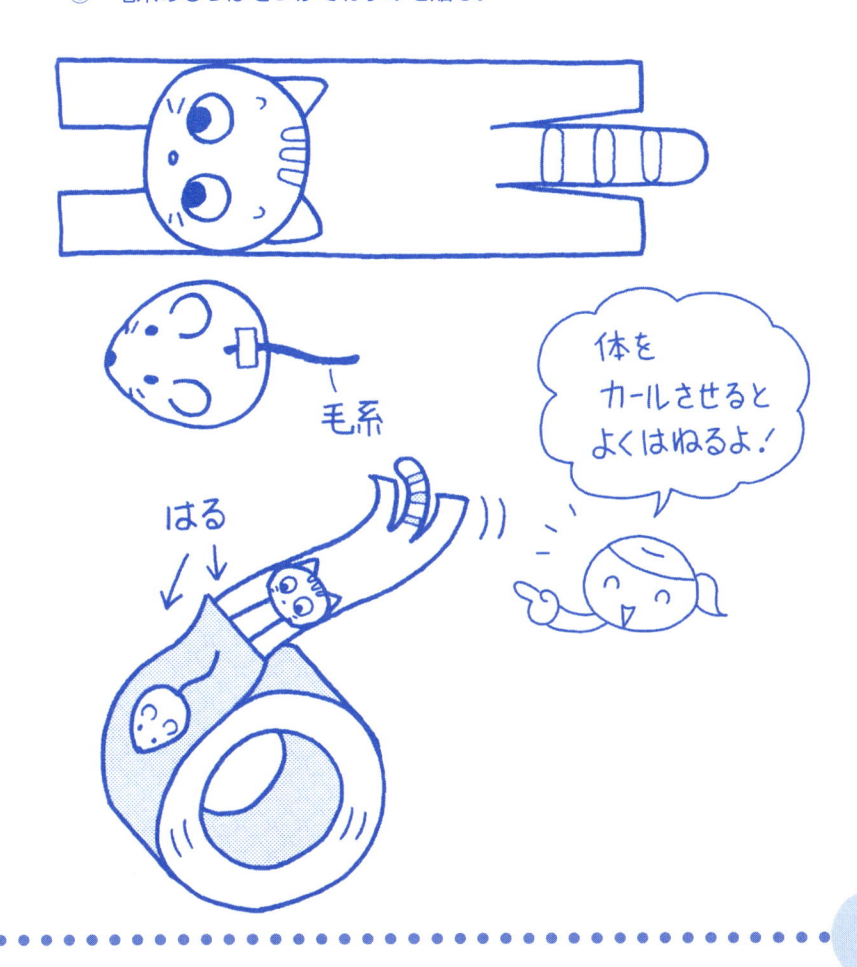

毛糸

はる

体を
カールさせると
よくはねるよ！

応用

●回転するようにひもをつけて、引っぱってみよう。

うまく回るかな？

0・1歳から遊べるおもちゃ

9 もどってこいペット

「もどっておいで」と言うともどってくる不思議なペット。
1人遊びもできるおもちゃです。

遊び方

① もどってこいペットを前に押して転がす。
② 止まりそうになった時に「もどっておいで」と言う。
③ すると不思議、ペットはスタート地点まで回転しながらもどってくる。
　「いい子だね」とほめてあげよう。

ちゃーんと
いうこときいて
もどってきたよ！

コロコロコロ

| 用意するもの | 大きめのミルク缶　ナット　輪ゴム　針　糸　画用紙 |

つくり方

① 千枚通しで缶の中心に穴をあける。
　中心の決め方…紙に円をかき、それを切って4つにたたむと決まる。
② 輪ゴムを2本つなぎ、輪ゴムの中心にナットをしばりつける。
③ 缶の中から輪ゴムを外に出し、糸どめでとめる。
④ 缶の反対側からも輪ゴムを出し、糸どめでとめる。
⑤ 缶の回りとフタにきれいな紙を貼る。

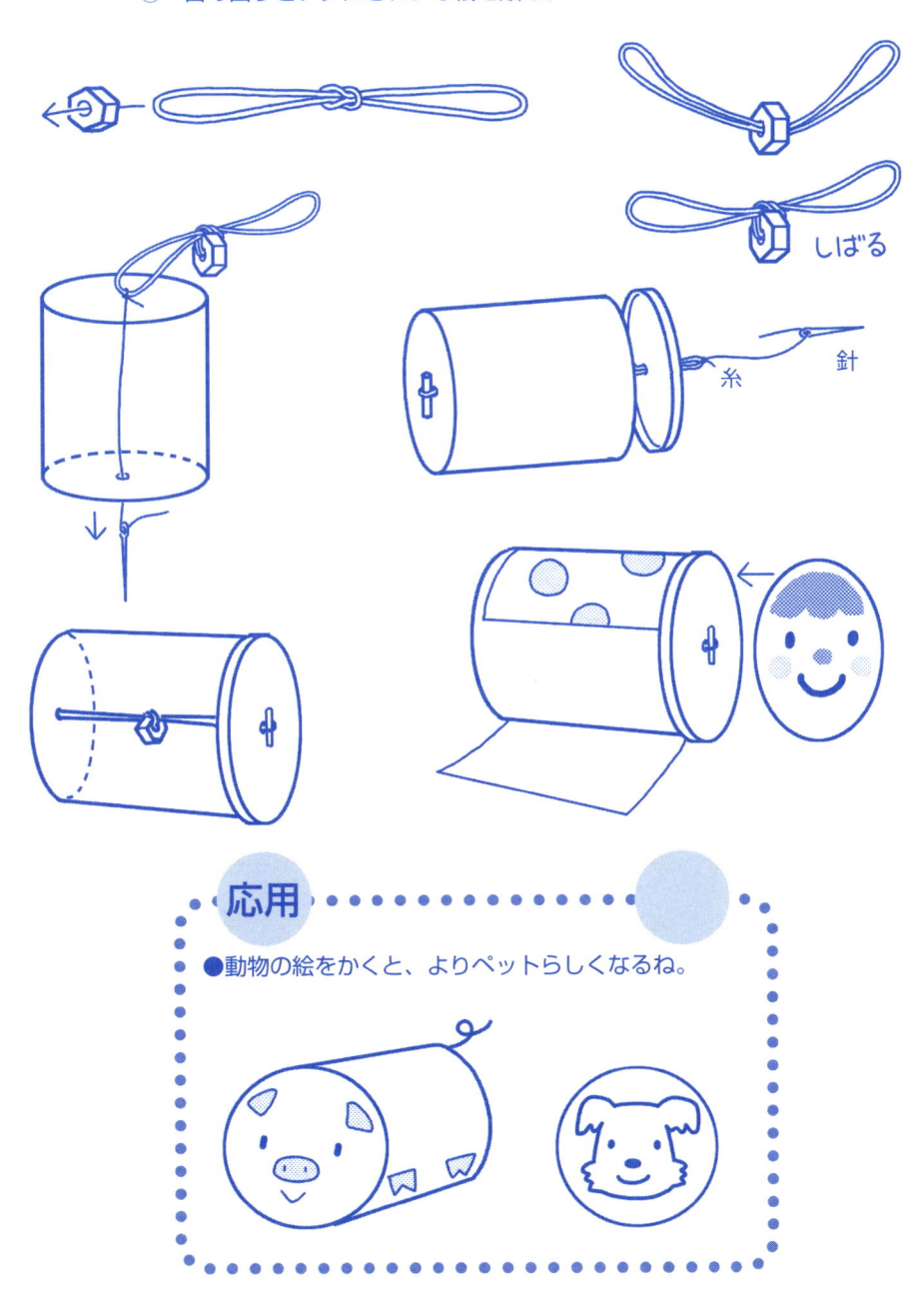

しばる

糸　針

0・1歳から遊べるおもちゃ

応用

● 動物の絵をかくと、よりペットらしくなるね。

10 つなひき虫

ひもを引くと、虫の足が伸びたり縮んだりするおもちゃです。

遊び方

① つなひき虫の足を引っぱる。
② 足が長かったり短かったり、伸び縮みするよ。

| 用意するもの | トイレットペーパーの芯　ひも（刺しゅう用やコマ回し用の太いもの）　画用紙　モール |

つくり方

① トイレットペーパーの芯に、えんぴつで大きめの穴を4つあける。
② ひもを2本用意する（長いものと短いもの）。
③ ひもを穴に通し、抜けないように端を結ぶ。
④ トイレットペーパーの芯の底を紙でふさぐ。
⑤ 虫の顔をかいて芯に貼る。
⑥ 芯の中にひもを全部押しこむ。

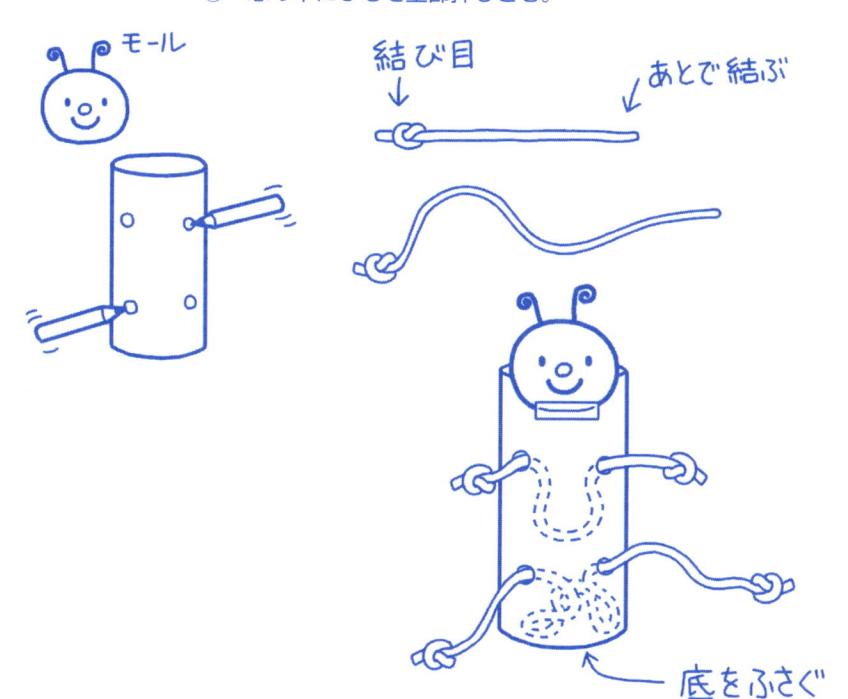

モール

結び目　あとで結ぶ

底をふさぐ

応用

● 4人で遊べるように、ひもを3本にしてやってみよう。1本はひもがつながっているので綱引きになるよ。

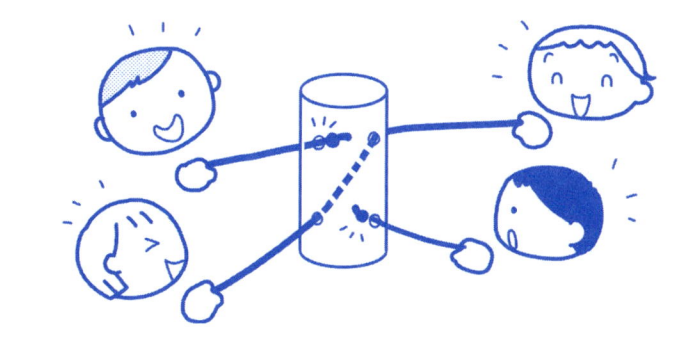

0・1歳から遊べるおもちゃ

11 ストロー袋のロケット

袋に入ったストローを出すのは、乳幼児にとってはなかなかたいへんです。袋から出す練習も兼ねながら、楽しく遊んでみましょう。

遊び方 ストローの端を持ち、いきおいよく吹いてみよう。
袋がロケットのように飛ぶよ！

0・1歳から遊べるおもちゃ

| 用意するもの | 袋に入ったストロー…大小どちらでもよい　折り紙 |

つくり方

① 袋の端を破いてストローを少し出す。曲がるストローなら角度をつけてもよい。

② 袋に模様や絵をかく。

③ 折り紙などで小さな羽根をつけてもよい。

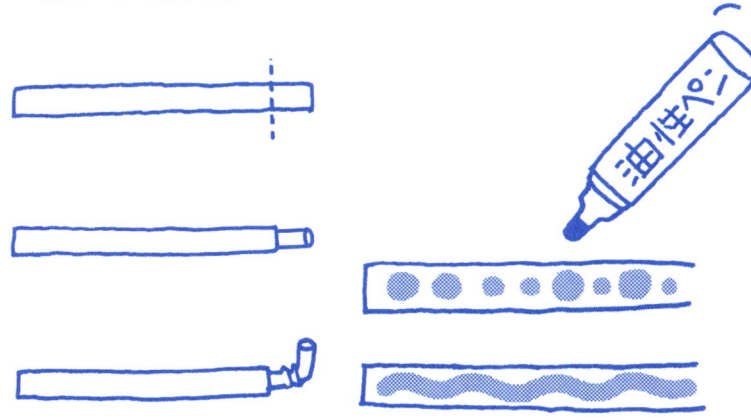

※ ストローを入れたまま羽をつける

応用

- 新聞紙を広げて穴をあけ、穴の中を通り抜けさせて遊ぼう。
- ストローロケットをつくって遊ぼう。

0・1歳から遊べるおもちゃ

12 くるくるストロー

小さい子は、ストローは吸うもの、という思いがあるのか、上手に吹くことができませんね。羽根がくるくる回って浮き上がるのを見ながら、吹く練習をしましょう。

遊び方

① ストローをかるく吹いてみる。
② 羽根がくるくる回りながら浮かび上がる。
③ 強く吹いたり、長く吹いたりして遊ぼう。

0・1歳から遊べるおもちゃ

| 用意するもの | 先の曲がるストロー…大　細いストロー…小。長めのものがよい |

つくり方

① 曲がるストローを引っぱって曲げる。
② 長いほうの先を2cmくらい、2つ切りとる。
③ 切りとった1つにはさみを差しこみ、切りこみを5、6本入れる。
④ 切った部分を90度、ねじるように折って羽根をつくる（風を受けてよく回るように）。
⑤ 曲がるストローの短いほうに、細いストローを貼りつける。
⑥ 細いストローに④の羽根を通す。
⑦ 細いストローの先を折り、②で切りとったもう1つをかぶせてストッパーにする。

ストッパー

ねじるようにおる

色をかえて何種類かつくるときれい

応用

● 羽根を複数入れてみよう。
● 細いストローをつないで長くするか竹ひごを使うかして、どこまであがるかやってみよう。ストローをつなぎ合わせた場合は羽根を大きくするとよい。

くるくるくるくる

すごーい

0・1歳から遊べるおもちゃ

13 ゆらゆら てるてるぼうず人形

おさんぽに連れて行くと、ゆらゆら揺れてかわいい人形です。年齢に応じて、パンチボールとして遊べるおもちゃにもなります。

遊び方

① ゆらゆらてるてるぼうず人形を持って（指や手首にひっかけて）、おさんぽに出かけよう。
② 幼児が歩くと、ゆらゆらとかわいらしく揺れるよ。

わんちゃん
おさんぽ
ですよー

| 用意するもの | スーパーなどのレジ袋　輪ゴム　古新聞　画用紙 |

つくり方

① 古新聞を丸めてレジ袋につめ、てるてるぼうずをつくる。
② 輪ゴムを3本つないだものを頭につける。
③ 油性ペンで顔をかくか、別の紙に目や口をかいて貼る。
④ 画用紙で手や耳をつくって貼る。

口をしばる

応用

● 輪ゴムを下にもつけてパンチボールにしてみよう。
● 輪ゴムを長くつないで部屋や玄関に吊り下げておけば、子どもたちがタッチしてあいさつする人形になるよ。

おはよ！

0・1歳から遊べるおもちゃ

1 カバのパックンチョ

カバが大きな口をあけて小魚を食べるおもちゃです。
くじに応用すればゲームにも使えます。

遊び方

① カバと小魚を置く。
② しっぽから出たひもを引いて、小魚をカバの大きな口に引きこもう。

たべちゃったよ！

ホントだ

用意するもの　牛乳パック（1ℓ）　傘ポリ袋　タコ糸

つくり方

① 牛乳パックを切り、口の開くカバをつくる。
② 傘ポリ袋をふくらませて小魚をつくる。
③ 小魚にタコ糸をつける。糸をカバの口の中に通し、しっぽの部分から出す。
④ いろいろな魚をたくさんつくって出来上がり。

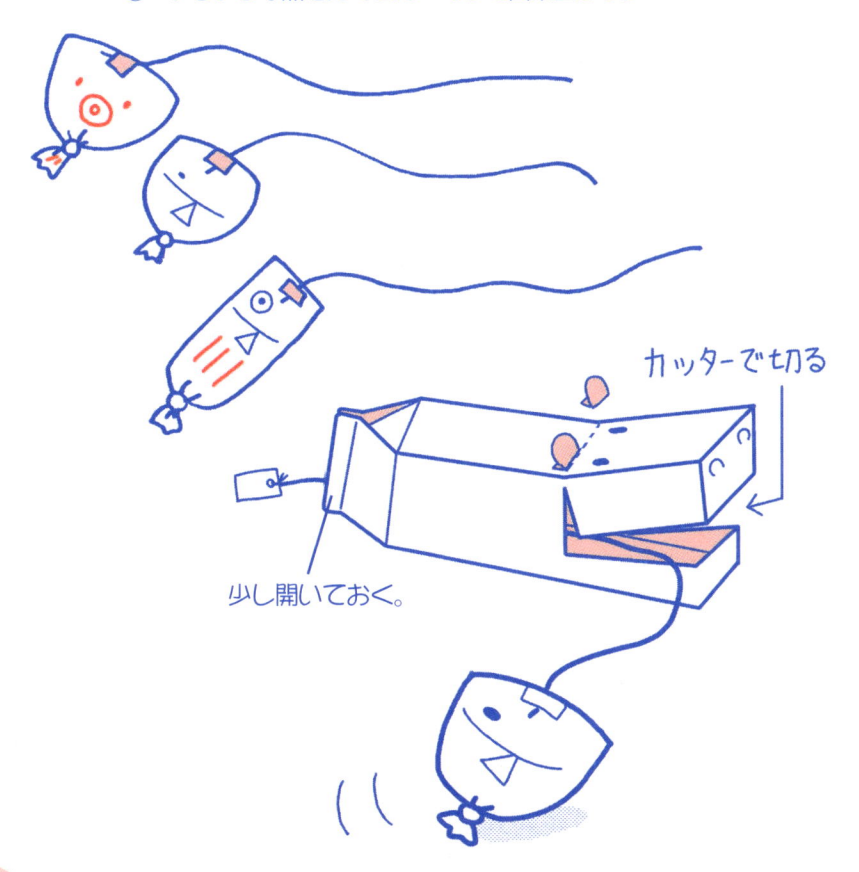

カッターで切る

少し開いておく。

2・3歳が楽しむおもちゃ

応用

● 大きな魚や、鈴を入れた魚などもつくってみよう。
● 魚の代わりにくじをつけて、「カバ形のくじ引きボックス」にして遊ぼう。

チリン　チリン

大物だぞ！

2 白鳥のおめざめ

水に浮かべると、白鳥が目をさますように羽根を広げ、首を起こします。動きの変化を楽しむおもちゃです。

遊び方

① 折りたたんだ白鳥を、皿に入れた水の上に置く。
② しっぽ→羽根の順に開いて、最後に目をさますように白鳥が起きてくるよ。

2・3歳が楽しむおもちゃ

わあっ

はくちょうさんが
おきたよ！

フワァ…

用意するもの　古新聞　皿　水

つくり方

① 新聞紙を8cm×8cmくらいに切る。
② 斜めに2回折り目をつけてから、2つ折にもどして白鳥の形に切る。
③ いったん開いてから折りたたむ。首→左右の羽根→しっぽの順。

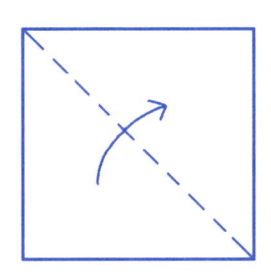

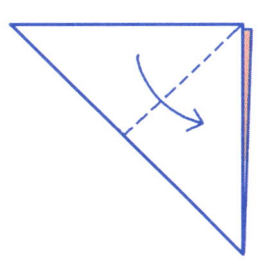

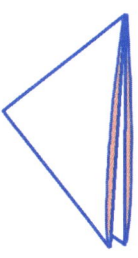

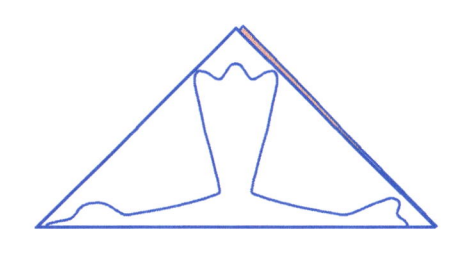

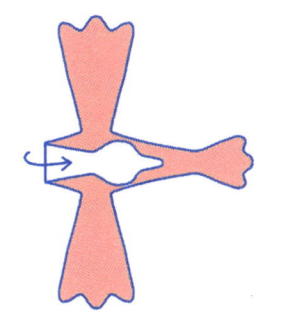

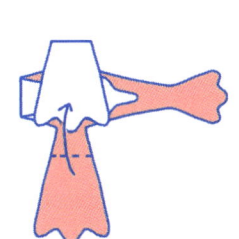

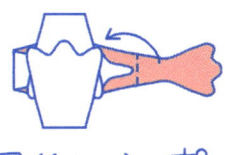

最後にシッポ

応用

●白鳥の中に2つ折の新聞を入れてくじをつくろう。白鳥が開いた後、くじがゆっくり開くよ。くじには「当たり」「はずれ」をかいておく。

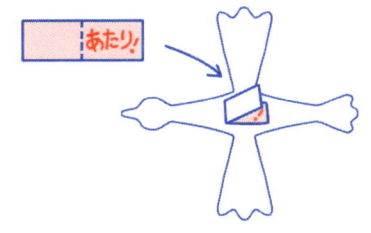

あたり！

2・3歳が楽しむおもちゃ

3 ゆらゆらシーソー

指にのせてゆらゆらゆらゆら、シーソー遊びをしましょう。
子どもたちのかいた絵がゆらゆら揺れて素敵です。

遊び方

① シーソーを指の先に乗せる。
② ゆらゆら揺らしてみよう。シーソーしているみたいだよ。

ユーラ
ユーラ

おっとっと！

2・3歳が楽しむおもちゃ

| 用意するもの | ダンボール　細いストロー　画用紙 |

つくり方

① ダンボールを切り抜き、大きなリングをつくる。
② 細いストローを斜めに半分に切り、指に乗せた時にバランスがとれるようにリングに差しこむ。
③ 画用紙に絵を描いて切りとる（同じ大きさで2枚）。
④ 細いストローを貼り、ストローの先を斜めに切ってリングに差しこむ。

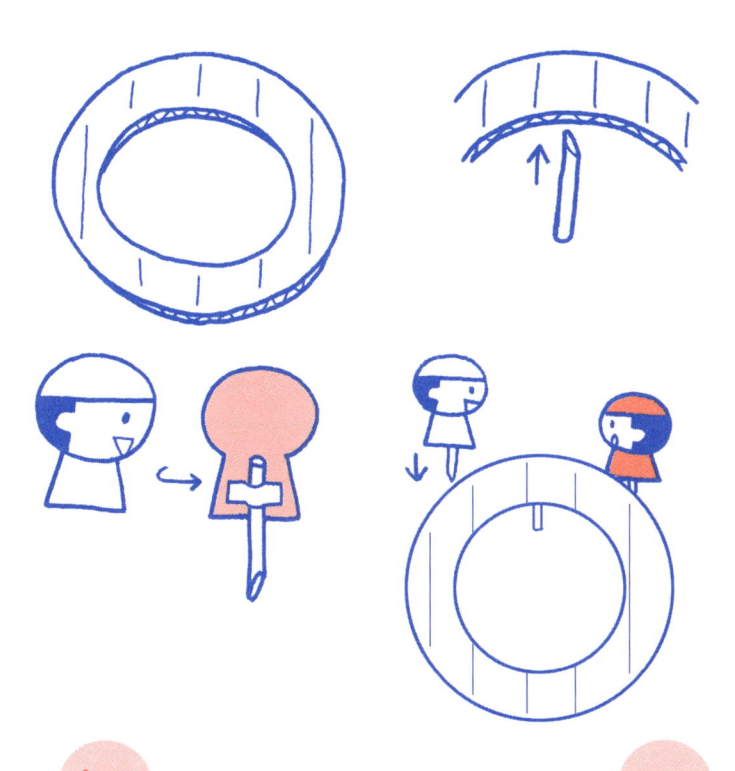

応用

● わりばしのような長い棒の先に乗せて揺らしてみよう。

カニさんだ！

2・3歳が楽しむおもちゃ

4 とっとこあやつり人形

あやつり人形のペットをつれてお散歩に行きましょう。
上手につれていけるかな？

遊び方

① 人形を持ってお散歩に出かける。
② 前後に動かしながら、人形をじょうずに操ろう。

2・3歳が楽しむおもちゃ

おさんぽ
しましょ

| 用意するもの | ティッシュボックス　トイレットペーパーの芯　紙テープ　画用紙　厚紙　タコ糸 |

つくり方

① P.93の型紙をコピーして顔としっぽを切りとる。
② ティッシュボックスをひっくり返し（取出し口を下にする）、顔としっぽを貼る。
③ ティッシュボックスの前後にタコ糸をつけて、バランスよく持ち上がるようにする。
④ トイレットペーパーの芯にタコ糸を固定して、あやつり人形にする。
⑤ 紙テープを子どもの身長に合わせて長くつける。
⑥ テープの先に、重りになるように厚紙で足をつくって貼りつける。

タコ糸
紙テープ
厚紙
中央にボンドかセロハンテープで貼る

2・3歳が楽しむおもちゃ

応用
● タコ糸を箱の四隅につけてつくってみよう。

5 くるくるうさぎ

ストローを吹けるようになった子たちが繰り返し遊べるおもちゃです。吹き飛ばしたストローがくるくるプロペラのように回ります。

遊び方

① くるくるストローを力いっぱい吹く。
② 飛び上がったうさぎ（うさぎの耳をイメージしたプロペラ）が、きれいにくるくる回って落ちるよ。

2・3歳が楽しむおもちゃ

用意するもの 先の曲がるストロー（大）　細いストロー（小）　色画用紙

つくり方

① 色画用紙を3cm×5cmくらいに切る。
② 色画用紙にうさぎの絵をかく。耳になる部分に切りこみを入れて前後に折る。
③ 細いストローを5、6cmに切り、色画用紙に貼る。空気がもれないように、ストローの先をふさぐように貼るのがコツ。
④ 曲がるストローの長いほうの先に、くるくるうさぎを入れて吹く。
※長いほう短いほうどちらの先でもよい。ただ経験からすると、背の低い子どもは少しでも高いほうがよいと思います。なのでここでは長いほうの先とします。

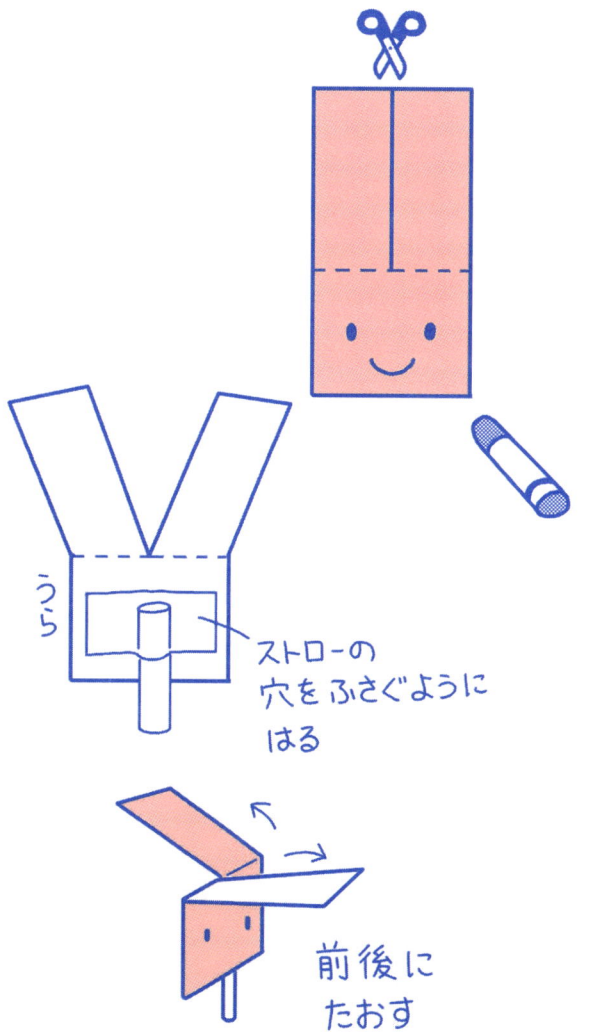

うら
ストローの穴をふさぐようにはる

前後にたおす

応用

●大人が肩車をしてあげて、高いところから落としてみよう。
●うさぎに色をつけてみよう。くるくる回った時にきれいだよ。
●ストローを3本くらい束ねて、一度に飛ばしてみよう。

2・3歳が楽しむおもちゃ

6 ストローの射的やさん

ストローでつくるかんたんロケットです。お店やさんごっこなどで、的をねらって射的ゲームをして遊びましょう。

遊び方

① 当たると倒れる的を机に並べる。
② 離れたところの床に線を引き、そこからストローロケットを吹いて的をねらおう。

どれにあたるかなー？

2・3歳が楽しむおもちゃ

| 用意するもの | 先の曲がるストロー（大）　細いストロー（小）
紙コップまたは輪切りにした牛乳パック（目安は6cmくらい） |

つくり方

① 先の曲がるストローを引っぱって曲げる。
② 長いほうの先を1cmほど切る。
③ 細いストローの先をつまんで折り曲げ、②で切ったストローの先をかぶせる。細いストローを太いストローにさしこむ。
④ 紙コップや輪切りの牛乳パックを半分に切り、内側に絵をかく。
⑤ 遊びによって点数などをつけてもよい。ひっくり返ったときに読めるように、底に点数やことばをかいておく。

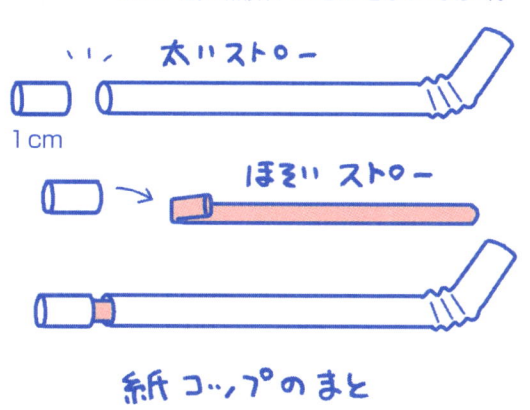

太いストロー
1cm

ほそいストロー

紙コップのまと

牛乳パックのまと

ひっくりかえると点数が見える

応用

● 細いストローの先に太い綿棒をさして、セロハンテープで固定してもよい。
● ルールをいろいろ考えてみよう。

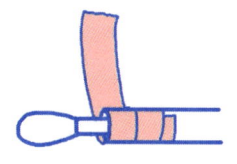

綿棒を半分に切ってさす。

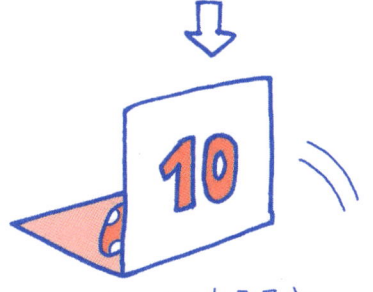

2・3歳が楽しむおもちゃ

7 トレー風車

絵をかくだけでできるかんたん風車はいかが？　くるくる回って色がきれいです。走りまわって遊びたくなりますよ。

遊び方

① 風車を持ち、風に向かって走ってみよう。
② 子どもに見える場所に模様をかいて、どんなふうに見えるかを楽しもう。

用意するもの　スチロールトレー　ストロー（細・太各1本）　わりばし　シール

つくり方

① トレーの端を交互に切りとる。

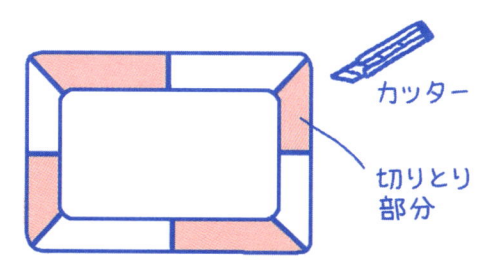

② 押しピンでトレーの中心に穴をあける。

③ トレーの裏表に絵や模様をかく。子どもがかいてもよい。回転した時のイメージが持てるようなら、くるくる回った時にきれいになるように声かけをするとよい。

④ えんぴつをさして穴を少し大きくし、細いストローを通す。穴が大きくなりすぎないように注意。

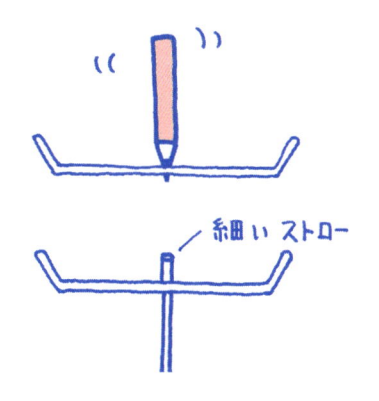

⑤ ストローの先を折り曲げて、1cmほど切りとった太いストローをかぶせて固定する。

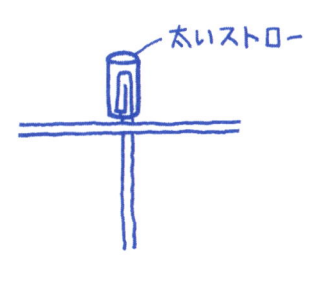

⑥ 風車が回転することを確かめたら、細いストローをわりばしに固定する。

2・3歳が楽しむおもちゃ

応用

- 走るばかりでなく、交代で正面から模様を見てみよう。
- どんな模様をかいたらおもしろくなるか試してみよう（シールを1枚貼る・渦巻模様にするなど）。
- 長方形のトレーでもつくってみよう。

くるくるくる…

8の字風車

お散歩で公園などに持っていくと楽しい風車です。
連続でつけてもきれいです。

遊び方

① 風車の太いストローの部分を持って、風に向かって走ってみよう。
② くるくる回ってきれいだよ。

2・3歳が楽しむおもちゃ

用意するもの　色画用紙（2色）　ストロー（太・細）

つくり方

① 画用紙に二重の円をかいて切りぬく。1ヵ所を切る。これを2枚つくる。
② 2つの輪を8の字につないで貼り合わせ、重ねた部分に穴をあける。
③ 細いストローの先を折り曲げ、1cmに切った太いストローをかぶせる。[A]
④ 8の字に重なった上側の紙の穴に、細いストローを通す。
⑤ 1～1.5cmに切った太いストローを細いストローに通してから、8の字の下側の紙の穴にストローを通す。[B]
⑥ 長めに切った太いストローに、細いストローを通す（細いストローの先が2cmほど出るくらい）。[C]
⑦ 最後に、細いストローの先を折り曲げ、1cmに切った太いストローをかぶせて固定する。[D]

画用紙

2枚いっしょに切るとはやいよ！

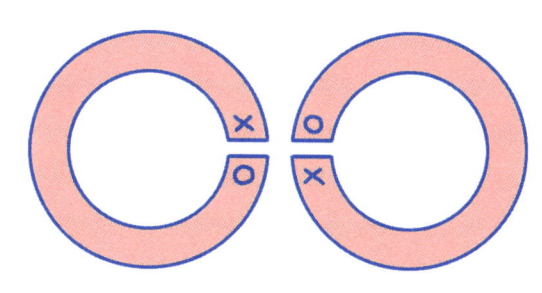

同じマークをかさねてはり合わせる

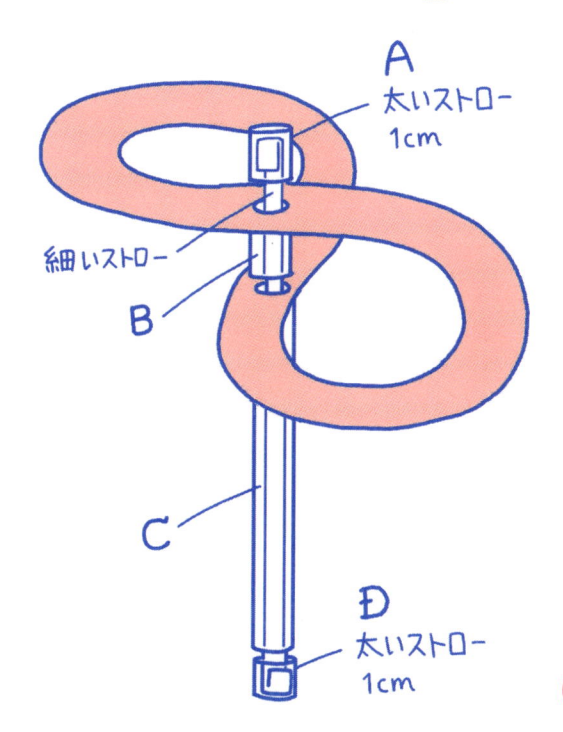

A 太いストロー 1cm
細いストロー
B
C
D 太いストロー 1cm

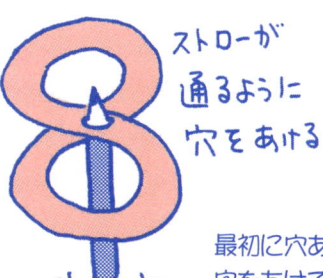

ストローが通るように穴をあける

最初に穴あけパンチで穴をあけておくとよい

2・3歳が楽しむおもちゃ

9 ロケットガン

トイレットペーパーの芯を高～く飛ばして遊びましょう。

遊び方

① チラシでつくったてっぽうに、トイレットペーパーの芯をセットする。
② てっぽうを上に向けてゴムを下に引っぱる。
③ ゴムをはなすと、トイレットペーパーの芯が飛んでいく。

2・3歳が楽しむおもちゃ

| 用意するもの | チラシ　輪ゴム　トイレットペーパーの芯　タコ糸　ストロー　厚紙 |

つくり方

① トイレットペーパーの芯が楽に通るように、チラシをかたく丸めて筒にする。セロハンテープでとめる。
② 輪ゴムを3本つなぎ、チラシの先に引っかけてテープで固定する（輪ゴムの本数はチラシの長さによって変える）。
③ 輪ゴムのもう一方の先にストローをとめる。
④ ストローの中にタコ糸を通し、厚紙の持ち手をつける。
⑤ トイレットペーパーの芯を3分の1か2分の1に切る。

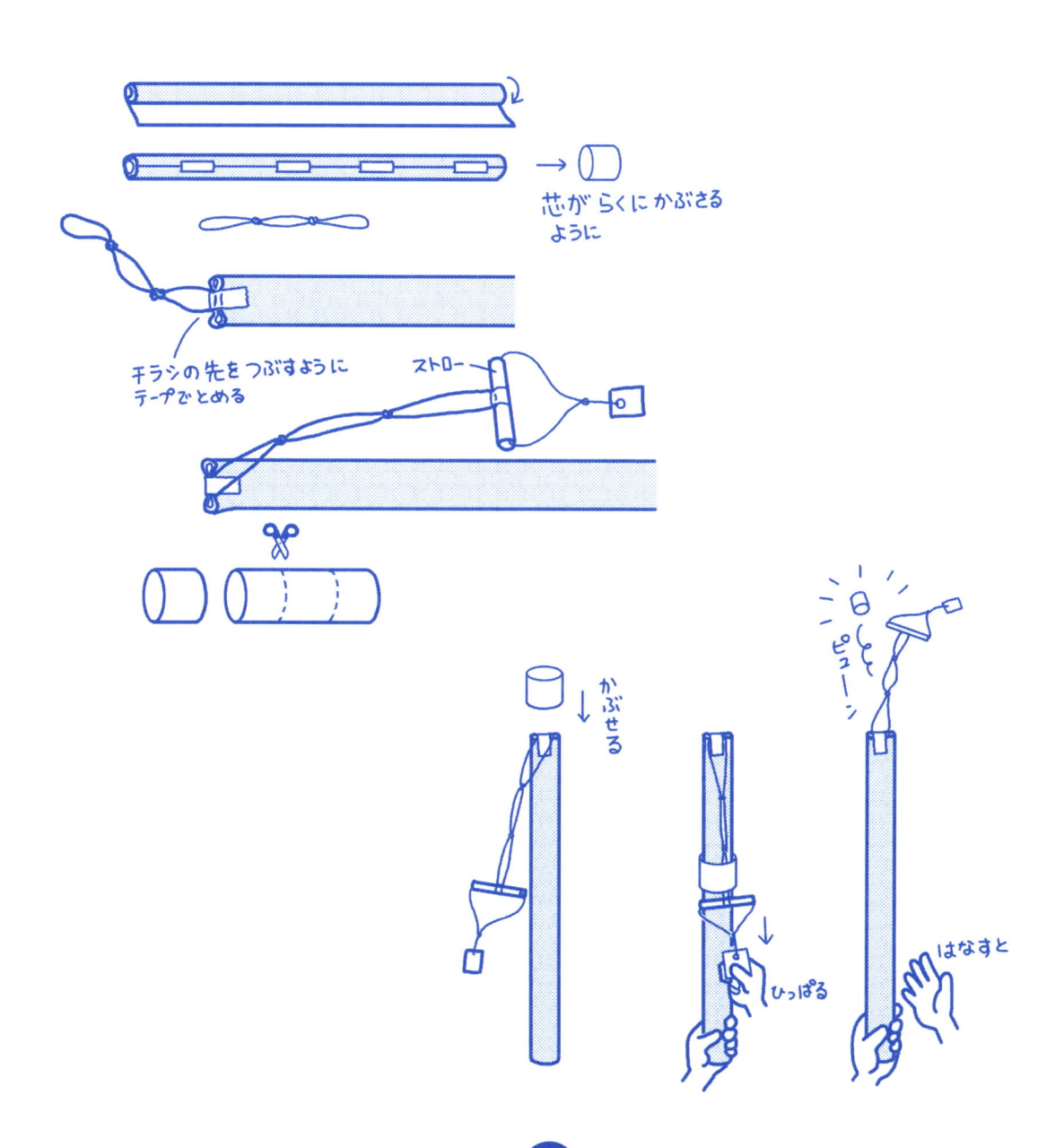

→ 芯がらくにかぶさるように

チラシの先をつぶすようにテープでとめる

ストロー

↓かぶせる

ひっぱる

はなすと

2・3歳が楽しむおもちゃ

10 紙皿のごちそうルーレット

小さい子も遊べるようにと考えたこまです。絵をかくことでくるくる回った時にきれいな模様になります。このこまを使ってさらに遊びを広げてみました。

遊び方

① ルーレット用紙の中央でこまを回す。
② 止まったところの矢印を見て、かかれているごちそうを食べよう。

用意するもの　　紙皿　　シャツなどのボタン　　Ａ３かＢ４の紙

つくり方

① 紙皿の中心を決め、押しピンで穴をあける。
② 紙皿に絵をかく。矢印を１つかいて貼る。
③ 紙皿の裏にボタンを貼る。
④ 紙を８等分して線を引く。１マスに１個、計８種類の食べ物をかくか、チラシなどを切り抜いて貼る。

【中心の決め方】
紙皿に合わせて紙に円をかき、切りとって折ると中心が決まる。

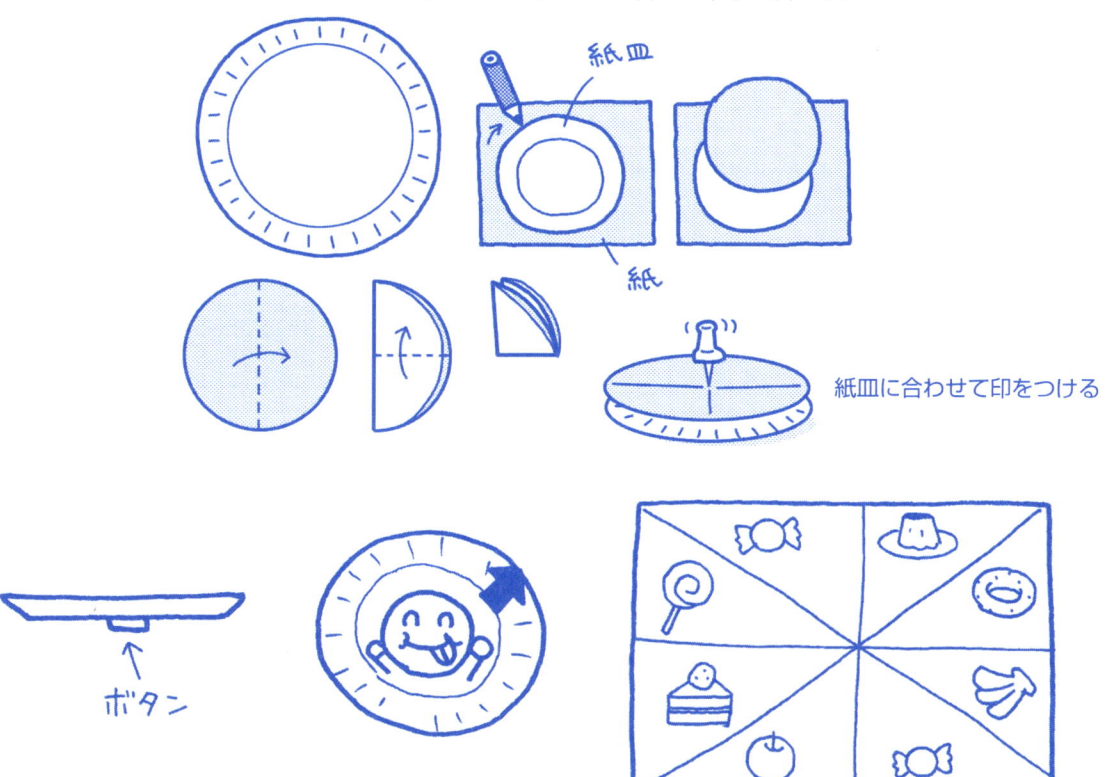

紙皿
紙

紙皿に合わせて印をつける

ボタン

2・3歳が楽しむおもちゃ

応用

● 点取りゲーム盤をつくってみよう。
● 恋占いのゲーム盤を考えてみよう。

11 落とし玉マシーン

ビーズなどを落として遊ぶおもちゃです。
遊び方を工夫すれば年長児も夢中になりますよ。

遊び方　お年玉マシーンを振って、下まで早く玉を落とそう。

2・3歳が楽しむおもちゃ

| 用意するもの | 透明のヨーグルトやプリンの容器（同じものを2個）　色画用紙　銀玉やビーズ |

つくり方

① 色画用紙を容器の口と同じ大きさに切り、穴あけパンチで穴を1つあける。
② 穴のまわりに絵をかく。
③ 色画用紙を容器の口に貼る。
④ もうひとつの容器にビーズなどを入れる。
ビーズが穴より大きい場合は、穴を大きくする。
⑤ 2つの容器の口と口を貼り合わせる。セロハンテープやビニールテープで固定する。

かぶせる時は、ビーズを入れた容器を下にするほうがよい。

応用

- ビーズの色や種類を変えて楽しもう。
- 遊び方を工夫してみよう（例：赤だけ落とす　1つだけ落とさないようにする　など）
- 容器の底に穴をあけることができるなら、何段も重ねてやってみよう。

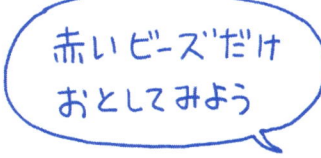

赤いビーズだけおとしてみよう

できるかな？

カラカラ

2・3歳が楽しむおもちゃ

12 かんたん トントンずもう

力士も土俵もかんたんにつくれます。お気に入りの
おすもうさんどうしで、「はっけよ〜い、のこった！」

遊び方

① 土俵の上におすもうさんを置く。
② 「はっけよい、のこった」の合図で、それぞれ指でわりばしをとんとん
　たたく。
③ おすもうさんが土俵から出るかころんだら負けになる。

2・3歳が楽しむおもちゃ

| 用意するもの | スチロールトレー　わりばし　折り紙 |

つくり方

① 折り紙を8分の1に切り、図のようにおすもうさんをつくる。
② スチロールトレーの底に油性ペンで土俵をかく。
③ トレーの左右にわりばしを差しこむ穴をあける。
④ わりばしを奥まで差しこみ、テープでトレーに固定する。わりばしがトントン動くように。

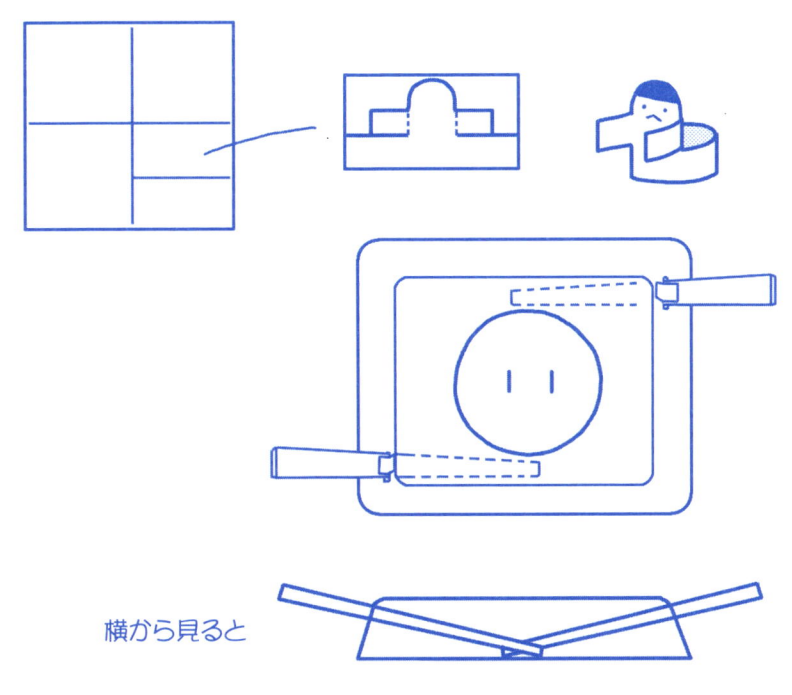

横から見ると

わりばしの先が下に着くように

応用

● 大きな箱の上に土俵の絵をかいてつくってもよい。向かい合い、箱の四隅をトントンたたこう。

トントン
トントン

2・3歳が楽しむおもちゃ

13 トレージグソーパズル

子どもの絵でジグソーパズルをつくりましょう。日々発達している幼児の絵は、オーバーに言えばもう来年はかけない絵です。そういう意味でも大切に残したいですね。

遊び方 切りはなしたパーツでパズルを完成させよう。

2・3歳が楽しむおもちゃ

あれ？あわない

できた！

ぴったり！

| 用意するもの | 白いスチロールトレー |

つくり方

① 子どもにトレーを渡し、油性ペンで絵をかいてもらう。最初は先生の絵で見本をつくってもよい。
上手にかけたらほめてあげよう。
② 子どもの年齢に合わせていくつかに切りはなす（幼児なら3枚程度）。大人が切ってあげよう。

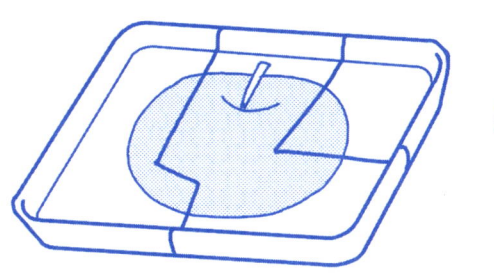

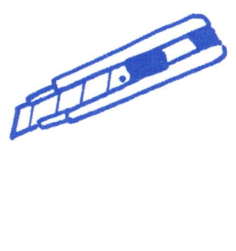

トレイを もちながら フリーハンドで 切る

応用

- 大きなトレーにかいてみよう。
- 子どもの絵なら、遊び終わったら接着剤で貼り合わせてとっておくとよい。
- 発達に合わせて、切るパーツの数を多くしよう。

こんどは むずかしいぞ

2・3歳が楽しむおもちゃ

14 大型とことこ迷路ゲーム盤

親子で遊ぶ、参加型のゲーム盤です。長さも内容も自由につくれるから、楽しいことまちがいなし！

遊び方

① ゲーム盤から迷路を引き出し、子どもがとことこ人形をつけてスタートラインに立つ。
② ゲーム盤を持つ人が引きながら迷路を出していく。
③ 子どもは、とっとことっとこ道を選びながら進んでいく。行き止まりだったら分かれ道までもどるか、最初までもどってゲームを続ける。
④ ゴールに着いたら終わり。

| 用意するもの | ラップの箱と芯
ラップの箱より少し幅のせまい紙（つないでロール状にしておく。障子紙でもよい）　　画用紙 |

つくり方

① ロール紙に迷路をかく。道幅は5cm〜10cmくらいにする（年齢によって幅を広くしてよい）。絵をかいて、色もつけてきれいに仕上げよう。
② 迷路のゴール地点から、ロール紙をラップの芯に巻いていく。
③ ロール紙をラップの箱に入れ、迷路を引き出せるようにしておく。
④ 画用紙で、子どもの指が2本出せるとっとこ人形をつくる。

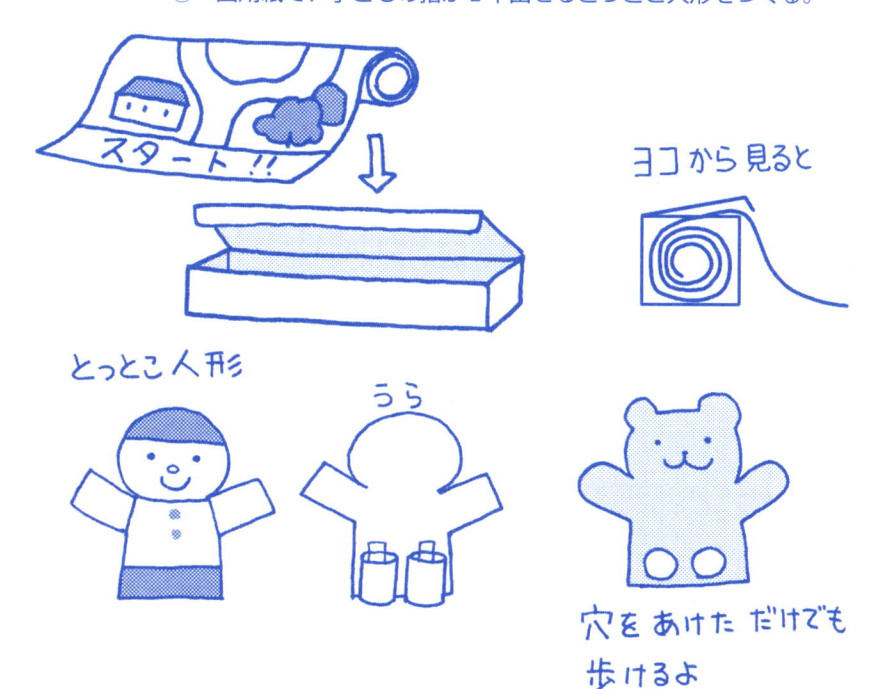

ヨコから見ると

とっとこ人形

うら

穴をあけただけでも歩けるよ

応用

● 身近にある小さな人形を使ってもいいし、指で遊んでもかまわない。
● 牛乳パックでもつくってみよう。

牛乳パックでもつくれるよ

切りぬく

トコトコ

15 ねずみの
チューチューレース

小さなねずみがチョロチョロ走る車です。
動きがかわいいので、いろんなゲームに使えます。

遊び方

① スタート地点にねずみを置く。
② ゲーム盤を動かしながらゴールまで進ませる。
③ 穴に落とさないようにやってみよう。

2・3歳が楽しむおもちゃ

| 用意するもの | お菓子などの箱　ミルク容器　ビー玉　画用紙　色画用紙 |

つくり方

① 色画用紙に、ビー玉より少し小さい穴をあける（折って半月に切る）。
② ミルク容器にビー玉を入れて、穴のあいた色画用紙でふたをするように貼る。
　１ヵ所を固定してから丸く切り、まわりをセロハンテープで貼るとよい。
③ ミルク容器に耳と長い尻尾をつけてねずみらしくする。顔もかこう。
④ 箱に絵や迷路のコースをかき、色画用紙で仕切りやトンネルをつける。
　ビー玉がはまるような落とし穴をあけるのも楽しい。

ビー玉より小さい穴

まわりを切る

スーーー

「これだけころがしてもたのしいよ」

「いろいろ工夫してね」

2・3歳が楽しむおもちゃ

1 びっくりカエル絵本

カエルがピョ〜ンと飛び出す、子どもたちに人気の
びっくり絵本です。本をつくる気分を味わいながら、
本を好きになってほしいと思って始めたおもちゃです。

遊び方

① びっくり絵本を取りだして見せる。
② 本を開くと、カエルがピョーン!!と飛び出すよ。

| 用意するもの | 6cmの輪切りにした牛乳パック　　輪ゴム　　15cm×16cmの厚めの色画用紙　　画用紙 |

つくり方

① 色画用紙を半分に折る。これが本の表紙になる。P.94の型紙を使ってもよい。

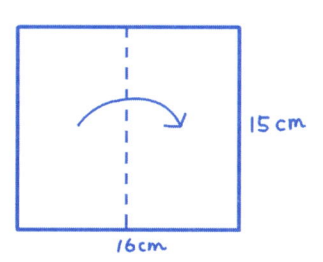

② 表表紙と裏表紙に絵や文字をかく。絵本を参考にしたり定価を入れたりすると、より本らしくなる。タイトル文字などは先生がかいてあげるとよい。

おもて　　うら

15cm
16cm

③ 輪切りにした牛乳パックの4ヵ所に切りこみを入れる。

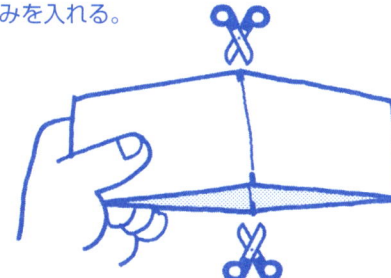

④ 輪ゴムを切りこみにかける。

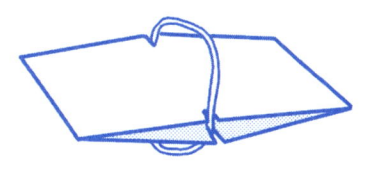

⑤ 牛乳パックをたたんで本にはさむ。

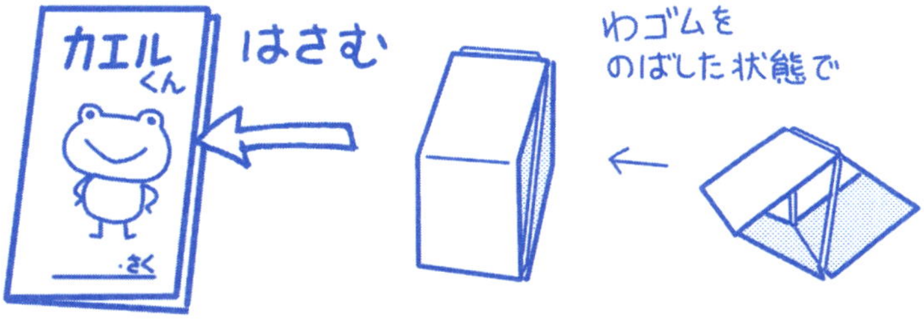

はさむ

わゴムをのばした状態で

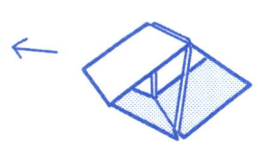

応用

● 牛乳パックをガムテープで2、3個つないでみよう。
● 子どもの絵で表紙をつくってみよう。

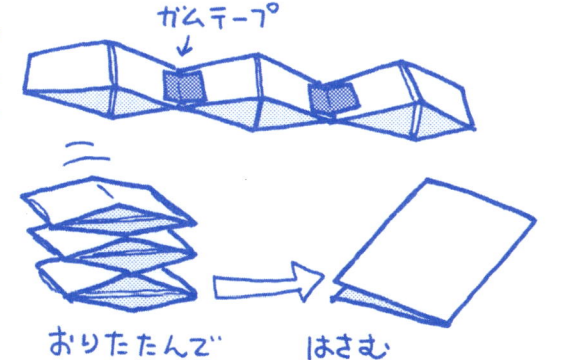

ガムテープ

おりたたんで　　はさむ

4・5歳でやってみたいおもちゃ

2 変身お面

自分の顔がヒーローやなりたいものに変わると、子どもたちは大喜びします。

遊び方

① 2枚重ねた変身お面を両手で持ち、お話をしながらお面を回転させる。
② 下の絵が現れて、「変身しましたー」となる。

4・5歳でやってみたいおもちゃ

| 用意するもの | 色画用紙 |

つくり方

① 子どもの顔の大きさに合わせて、コンパスで色画用紙に2個のお面の元をかく。
② お面を切りとり、円の中心まで切りこみを入れる。
③ 変身することを考えて、自画像（子どもの顔）と変身したいキャラクターをかく（P.93の型紙を使ってもよい）。
④ 変身したいものが下になる（かくれる）ように2枚を重ねる。
⑤ 回転させる部分につまみをつけてもよい。

つまみを つけても いいよ

かさねる

応用

● 紙皿でもかんたんにつくれるよ。（紙皿の中心の決め方はP.51を参照）

紙皿でも つくれるよ！

4・5歳でやってみたいおもちゃ

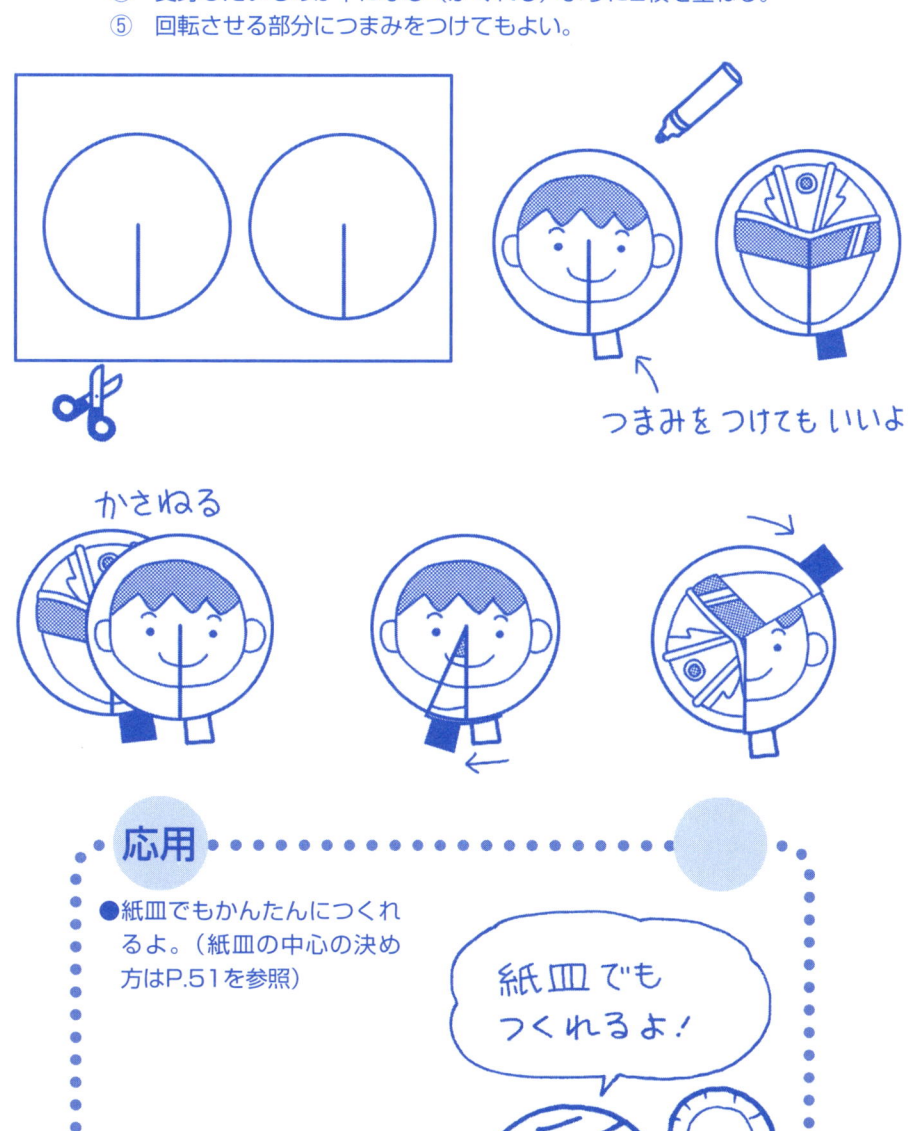

3 牛乳パックのはんこ

幼児にもできるはんこです。
むずかしい絵もかんたんにはんこにできます。

遊び方 はんこをスタンプ台に押しつけて、スタンプを押して遊ぼう。

4・5歳でやってみたいおもちゃ

| 用意するもの | 牛乳パック（1ℓ）　スタンプ台　画用紙 |

つくり方

① 牛乳パックの側面を切りとる。
② パックの裏側（白地）の中央に、えんぴつで絵や文字をかく。痕をつけるように強く。
③ たたんでテープでとめる。カッターでかるくキズをつけておくと折りやすい。
④ 絵の部分にインクをつけて画用紙などに押す。

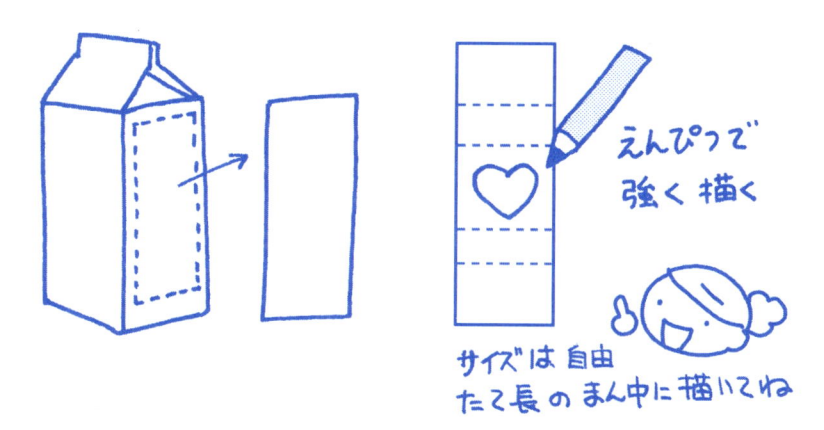

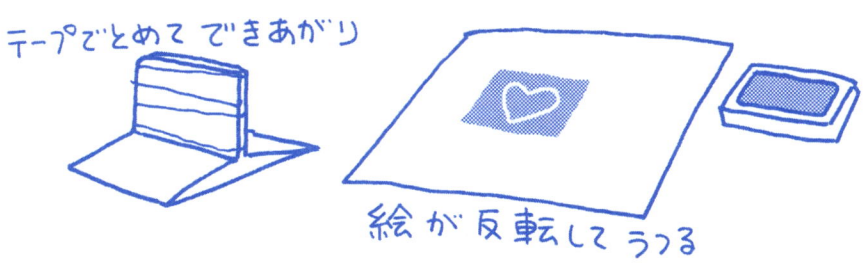

えんぴつで強く描く

サイズは自由
たて長のまん中に描いてね

テープでとめて できあがり

絵が反転してうつる

応用

● 牛乳パックを好きな形に切って、そのままはんこにしてもよい。つまみをつけると押しやすい。

スキ
キス

4・5歳でやってみたいおもちゃ

4 くねくねへび

くねくねにょろにょろと、ユーモラスにかわいらしく動くへびです。これならこわくないね。

遊び方 へびのしっぽを持って揺らしてみよう。くねくね動いておもしろいよ。

4・5歳でやってみたいおもちゃ

| 用意するもの | トイレットペーパーの芯4本　割りピン6本　折り紙や色画用紙 |

つくり方

① 図のようにトイレットペーパーの芯を切り、穴あけパンチか千枚通しで穴をあける。
② 割りピンでつなぐようにとめていく。

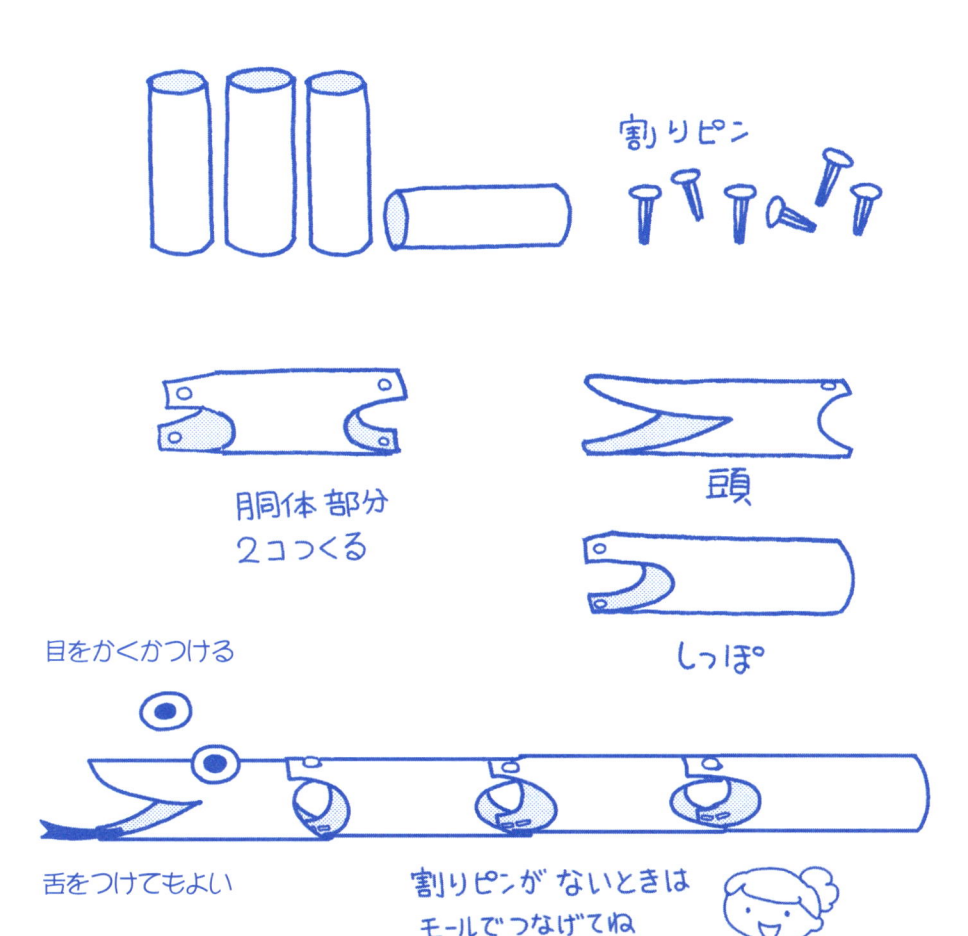

割りピン

胴体部分
2コつくる

頭

しっぽ

目をかくかつける

舌をつけてもよい

割りピンが ないときは
モールでつなげてね

模様をかこう

4・5歳でやってみたいおもちゃ

5 大型カメラ

牛乳パックでつくるカメラのおもちゃです。
大きくて迫力がありますよ。

遊び方

① 写真をカメラの前に入れる。
② シャッターを、タコ糸のついているほうを下にして写真の前に入れる。
③ タコ糸を下に強く引くと写真が現れる。パッと現れるので、写真が撮れたように見えるよ。

| 用意するもの | 薄めの大きい箱　タコ糸　厚紙　画用紙 |

つくり方

① 箱を図のように切ってカメラの本体をつくる。窓を切りとる。

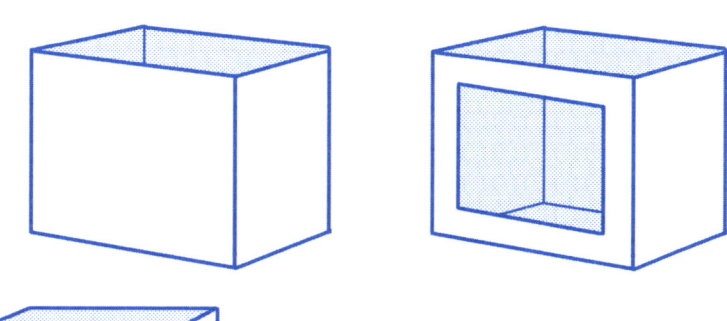

② 仕切り板をつくる。窓から2cmほど間をあけて、カメラの本体に仕切り板を固定する。ボンドでもホッチキスでもよい。

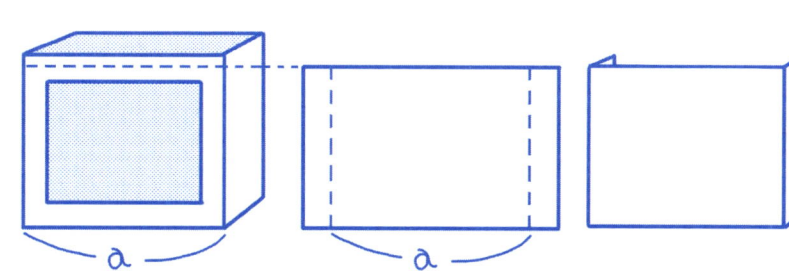

③ 窓よりひと回り小さくシャッターをつくる。シャッターの下側に穴を2ヵ所あけ、タコ糸をつける。タコ糸の中心に長いタコ糸を結ぶ。

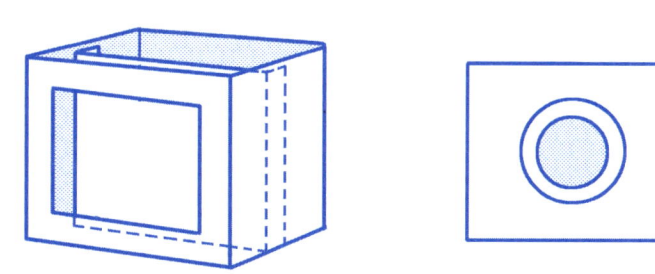

④ カメラ本体の底に穴をあける。長いタコ糸を通し、外に糸どめをつける。

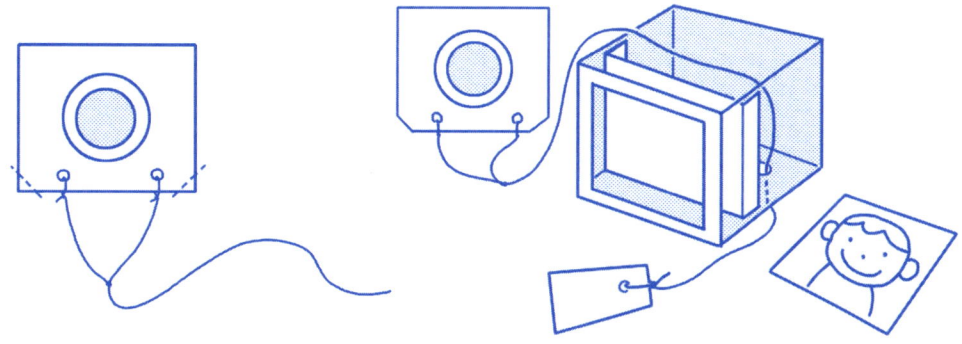

6 暗号ケータイ

暗号が読める特製のケータイです。
ナイショのメッセージや絵を交換しあって遊びましょう。

遊び方

① 暗号文の手紙を出して、何がかいてあるかわからないことを確認する。
② その手紙を暗号ケータイに入れると……、不思議フシギ！文字が現れてくるよ。

4・5歳でやってみたいおもちゃ

| 用意するもの | 厚めの画用紙　　青（赤）のセロハン　　手紙用の紙　　水色とピンクのペン |

つくり方

① 画用紙で、3つ折になるようにケータイをつくる。
② ケータイの画面を切りぬく。
③ 画面の裏から青（赤）のセロハンを貼り、ケータイを組み立てる。
④ 画面に入るように紙を切って手紙にする。手紙に水色とピンクのペンで暗号文をかく（絵でもよい）。暗号文はたくさんつくろう。

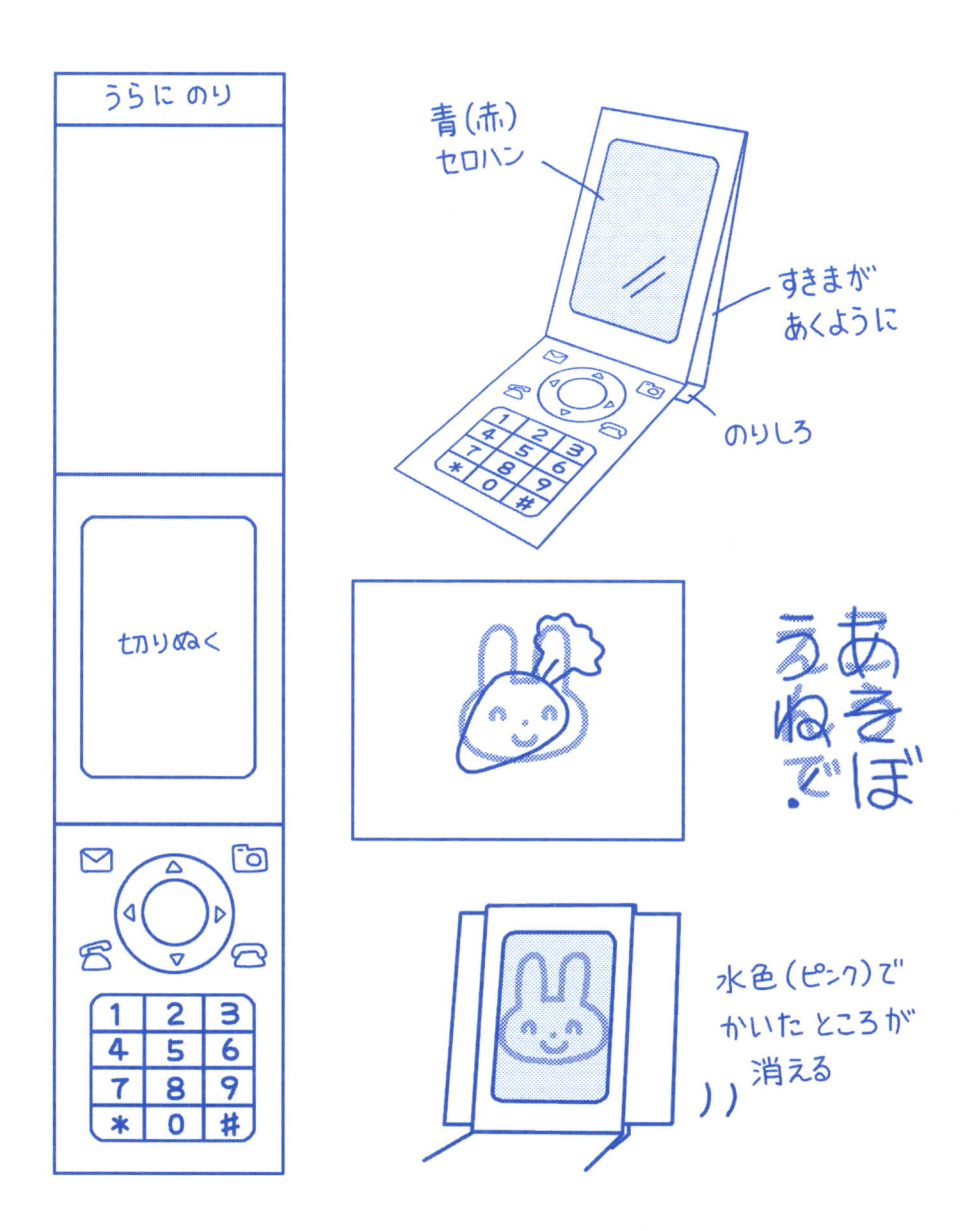

4・5歳でやってみたいおもちゃ

7 くるりっぱの
キャッチサンタ

人形をトレーでキャッチして遊びましょう。小さい子は高く放り上げて"くるりっぱ"と立たせるだけで楽しい人形です。

遊び方

① トレーの先端に、サンタ人形を前かがみになるように置く。
② はずみをつけて人形を高く放り上げる。うまくできる人は回転をつけよう。
③ 落ちてくるサンタ人形をトレーでキャッチしよう。

| 用意するもの | ハガキ半分大の画用紙　ダンボール紙（画用紙より幅の広いもの）　長めのスチロールトレー |

つくり方

① 図のように、画用紙に切りこみを3ヵ所入れる。
② 手足を折ることを想定してサンタの絵をかく。絵は他のものでもよい。
③ 手を前に折り、足を前後に折って、ダンボールでつくったスノーボードに貼り付ける。

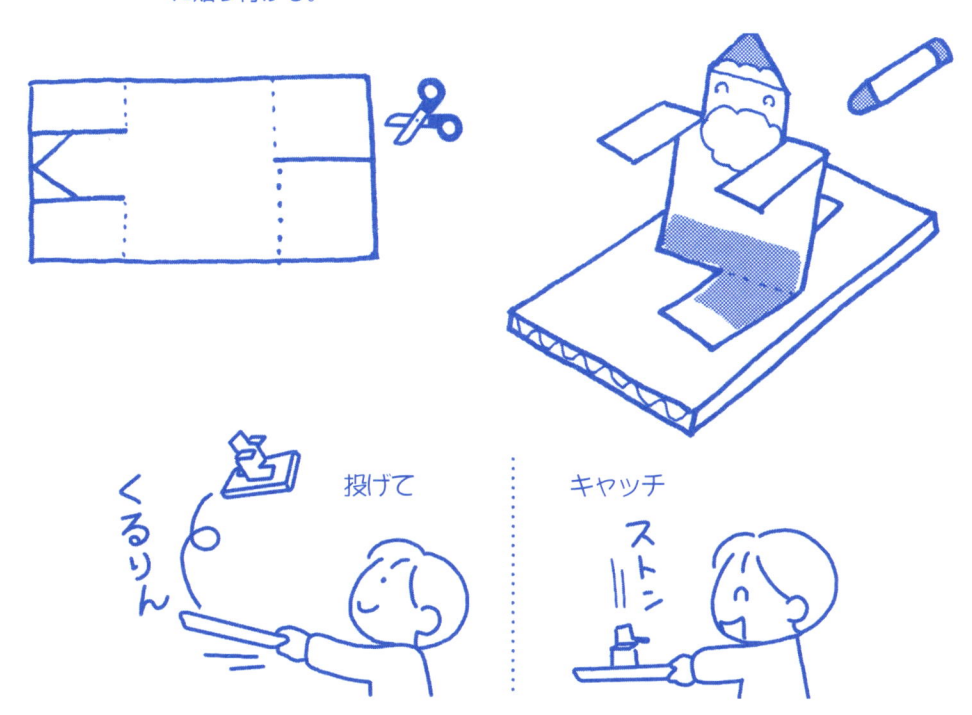

投げて　　キャッチ
くるりん　　ストン

応用

● 羽根つきのように2人でやってみよう。
● 坂道をつくってすべらせてみよう。ジャンプ台もつくれば、ジャンプ遊びに発展できてより楽しくなる。

4・5歳でやってみたいおもちゃ

8 ふわふわくん

傘袋が手のひらの上で立つなんて、ちょっと不思議でしょ？　ふわふわと揺れるかわいい人形です。

遊び方

① ふわふわくんを指先に立てるようにのせる。
② 上下に上げ下げするだけで、ふわふわ揺れるよ。

> ふわふわくん どこ いくのー？

4・5歳でやってみたいおもちゃ

用意するもの 傘ポリ袋

つくり方

① 傘袋の先のほうに空気を入れてしばる。
② 袋をしごくようにしぼる。

ふー

子どもなら、握って持ってもいいよ。

ぎゅー

ふわふわ

アラ！たってる!?

4・5歳でやってみたいおもちゃ

応用

● 2人で向かい合い、ふわふわくんを交互にキャッチしてみよう。

それっ

9 ふわふわパラシュート

幼児は物を上手に投げることができません。
このふわふわパラシュートは、そんな幼児でもできるようにと考えたおもちゃです。

遊び方

① ふわふわパラシュートのわりばしを持つ。
② パラシュートがふくらむように前に押し出しながら投げると、ふんわり浮かんで子どもたちもビックリ感激！

| 用意するもの | スーパーなどにある薄めのポリ袋　わりばし　タコ糸 |

つくり方

① ポリ袋を切り開き、大きめの正方形を切りとる。
② 正方形の四隅から外にのばすように、30cmほどのタコ糸を貼る。
③ ポリ袋を折りたたんで糸をつけたところを重ね合わせ、4本の糸を合わせて調節するようにしばる。
④ しばったところにわりばしを貼りつける。
⑤ 油性ペンでポリ袋に絵や模様をかこう。

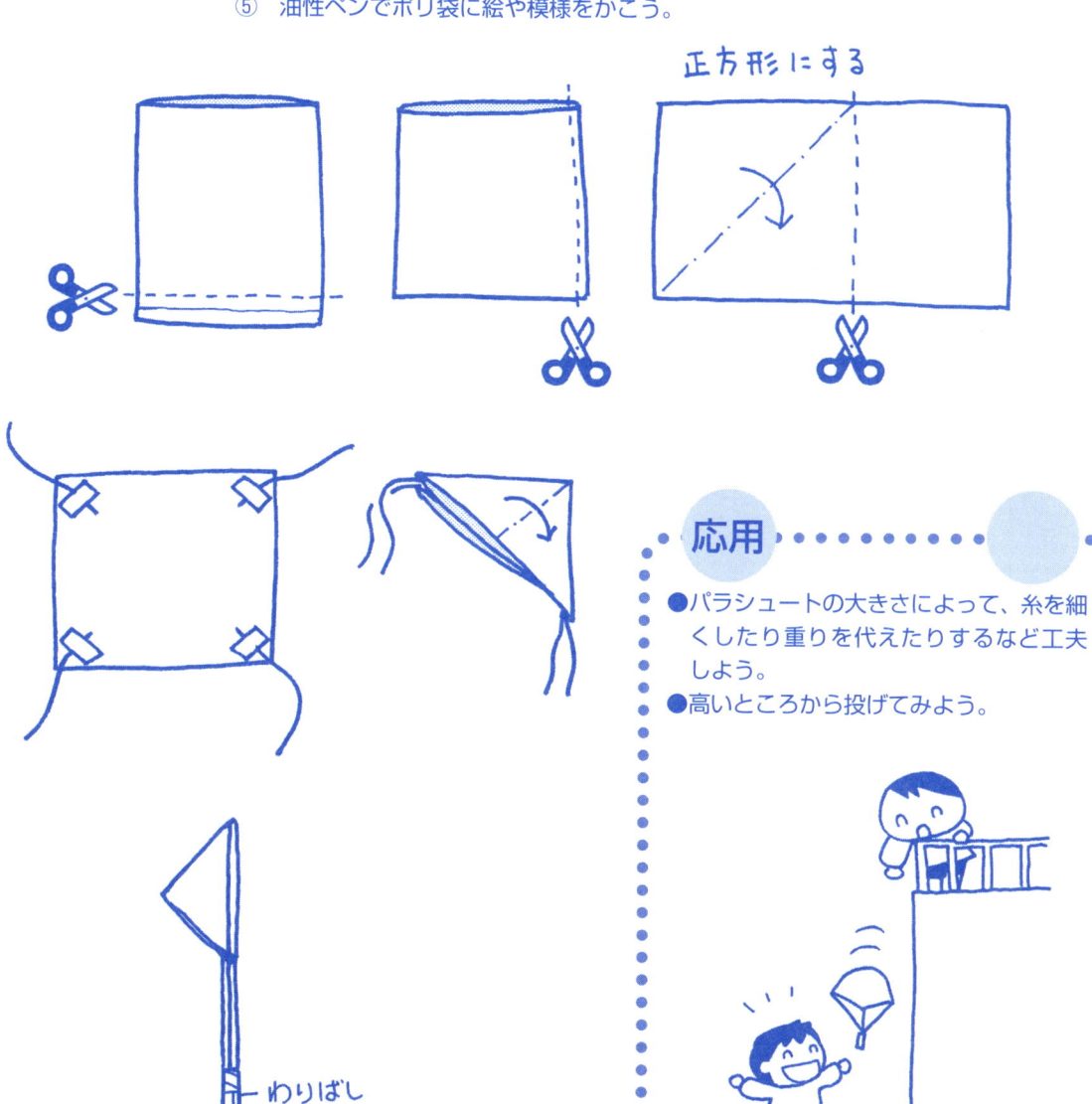

正方形にする

わりばし

応用

- パラシュートの大きさによって、糸を細くしたり重りを代えたりするなど工夫しよう。
- 高いところから投げてみよう。

4・5歳でやってみたいおもちゃ

10 鳥かごタココプター

くるくる回る形が鳥かごにそっくり。スピードが
あるほうがよく回るので、外で走って遊びましょう。

遊び方

① 鳥かごタココプターを持って走ろう。
② かごがくるくる回って、かごの中の鳥もひらひら揺れるよ。

| 用意するもの | 色画用紙　もめん糸 |

つくり方

① 細長い色画用紙を図のように切る。
② ★印を重ねて貼り合わせる。
③ かごの上の部分（貼り合わせたあたり）の中心に、50cmほどのもめん糸をつける。
④ かごの中に、鳥の絵をかいた紙を貼る。

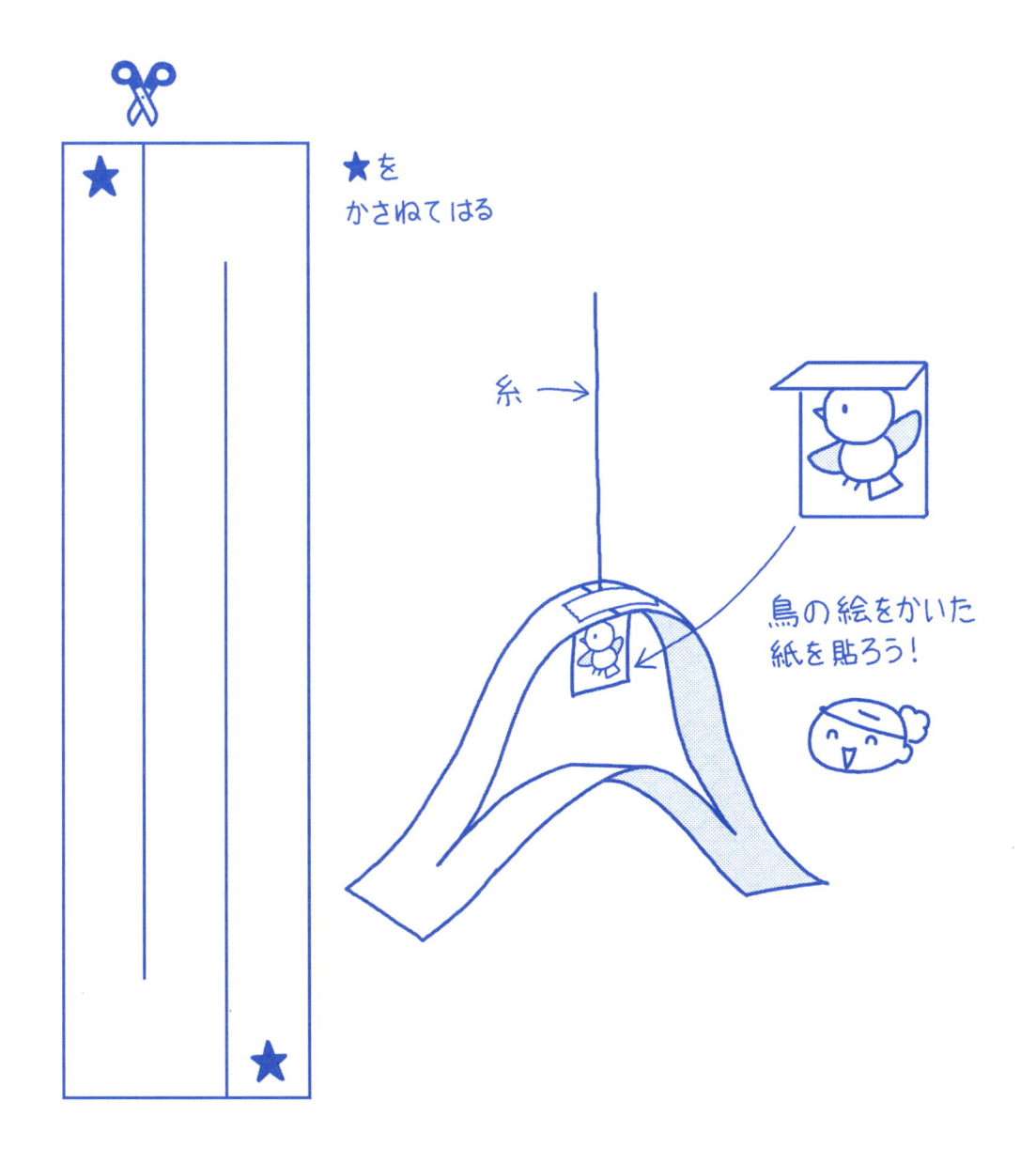

★を
かさねて はる

糸 →

鳥の絵をかいた
紙を貼ろう！

4・5歳でやってみたいおもちゃ

11 かんたん皿まわし

むずかしそうに思える皿まわしもこれならかんたん！
子どもたちも夢中で挑戦できる遊びです。

遊び方

① 紙皿の高台にえんぴつの先を当てて持ち上げる。
② ゆっくり回転させ、だんだん回転のスピードを上げていく。
③ 皿がバランスを保って回転を始めたら、みんなの拍手にこたえて手を振るかポーズをとろう。もう名人だね！

4・5歳でやってみたいおもちゃ

| 用意するもの | 大きめの紙皿　　トイレットペーパーの芯　　えんぴつや竹串など　　色画用紙 |

つくり方

① 紙皿の裏表に絵や模様をかく。
② トイレットペーパーの芯を半分か3分の1に切り、8つくらい切りこみを入れる。
③ 切りこみを開いて紙皿の裏に貼る。

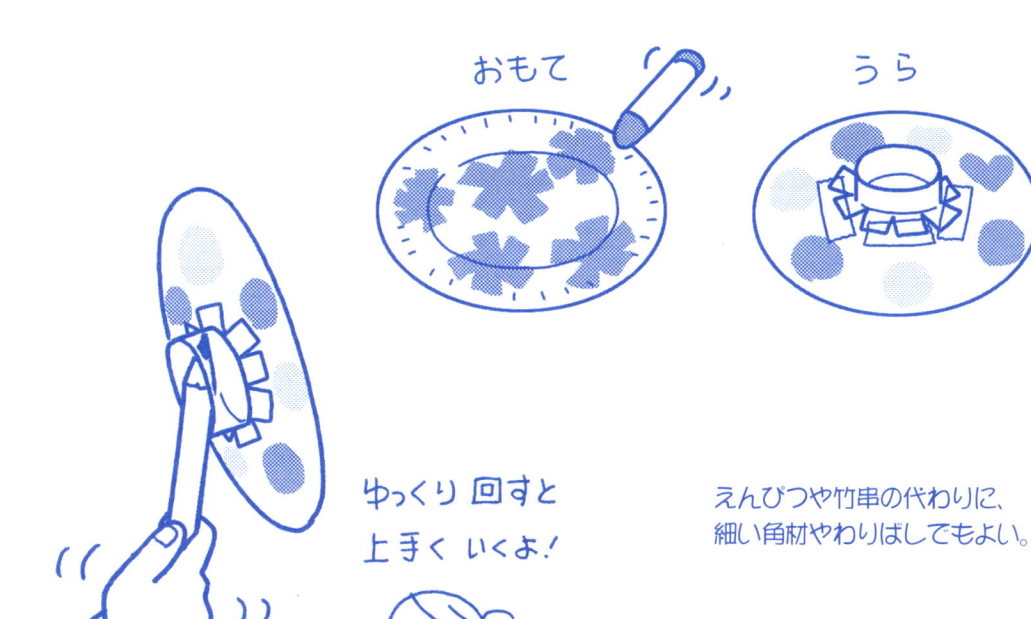

おもて　　うら

ゆっくり 回すと 上手く いくよ！

えんぴつや竹串の代わりに、細い角材やわりばしでもよい。

4・5歳でやってみたいおもちゃ

応用

●長い棒でやってみよう。

くるくる
ハイッ
おーっ

12 とんぼグライダー

押し出すだけで幼児でもかんたんに飛ばせるヒコーキです。
きれいに色をつけたり絵をかいたりしましょう。

遊び方

① しっぽの部分を指にはさみ、顔の前にかまえる。
② 押し出すように投げると、スイーッととんぼのように飛んでいくよ。

「わっ とんだ！」

4・5歳でやってみたいおもちゃ

| 用意するもの | 画用紙 |

つくり方

① P.95の型紙を画用紙にコピーして切りとる。
② 切りこみを入れて折りたたむ。
③ たたんだ部分をセロハンテープでとめる。

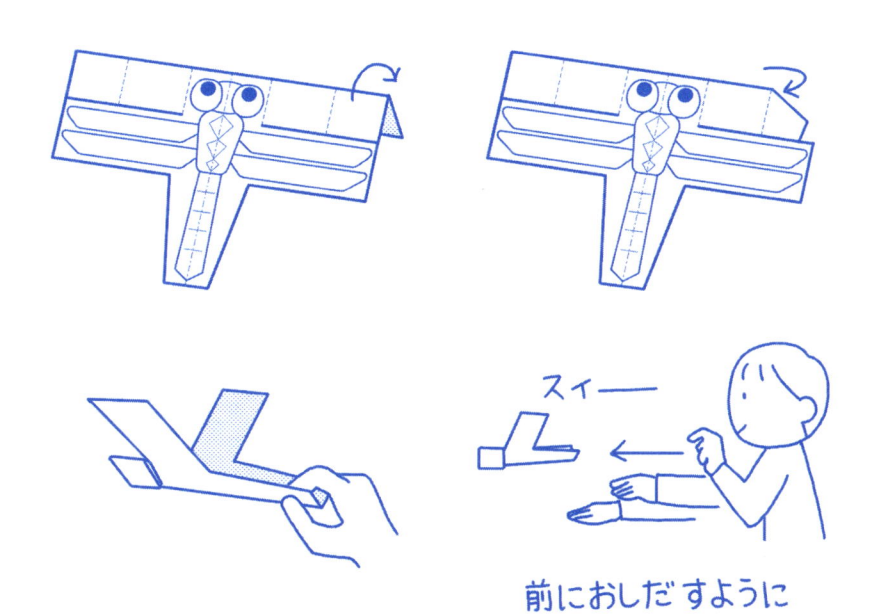

スィー

前におしだすように

応用

●投げ方を変えて遊ぼう。しっぽの先を横につまんで持ち、「えいっ」と投げるように飛ばしてみよう。

持ち方

4・5歳でやってみたいおもちゃ

13 輪ゴムでっぽう

幼児でも飛ばせるてっぽうのおもちゃです。
射的ごっこもできるからおもしろさも倍増！

遊び方

① てっぽうに輪ゴムをかける。
② 持ち手を左右に開くように広げると、ゴムが飛んでいくよ。

4・5歳でやってみたいおもちゃ

| 用意するもの | 牛乳パック（1ℓ）　輪ゴム |

つくり方

① 牛乳パックを切り開く。
② 図のようにてっぽうの図面をかく。半分に折ってからかくとよい。
③ てっぽうを切りとり、先をセロハンテープでとめる。
④ 輪ゴムを切りこみに引っかけて、片側を後ろにかける。

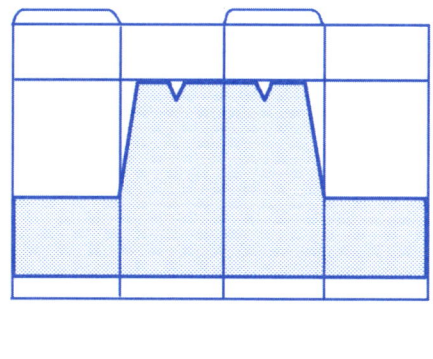

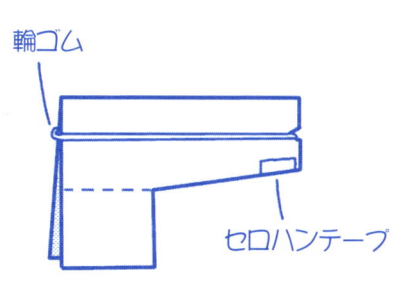

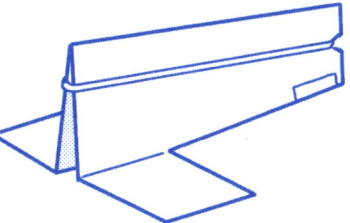

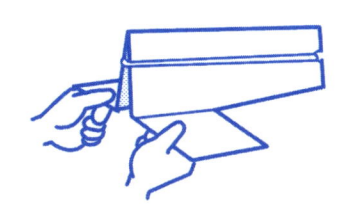

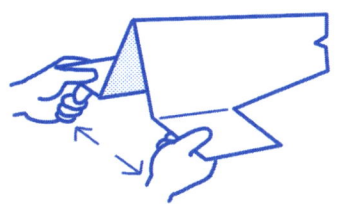

牛乳パック

輪ゴム
セロハンテープ

かまえる　　　左右にひらく

4・5歳でやってみたいおもちゃ

応用

● 的をつくって射的ごっこをやろう。
● 2重3重に輪ゴムをかけて、連発でうってみよう。

14 カタカタがんばり車

ゴムの動力でカタカタと坂道を登っていく車です。
思わず「がんばれー」と声をかけたくなりますよ。

遊び方

① わりばしを回してゴムを巻く。
② 坂道の下に置いて手をはなす。
③ カタカタと車が坂をのぼっていくよ。

| 用意するもの | トイレットペーパーの芯　厚紙　わりばし　輪ゴム　色画用紙　針　糸 |

つくり方

① トイレットペーパーの芯の幅に合わせて、厚紙の車輪を2枚つくる。
② 車輪の中心に穴をあけ、輪ゴムを通して糸どめをつける。
③ 輪ゴムの片方をトイレットペーパーの芯の中に通す。
④ 反対側の車輪に輪ゴムを通して糸どめをつける。
⑤ 一方の糸どめをわりばしに取り替える。

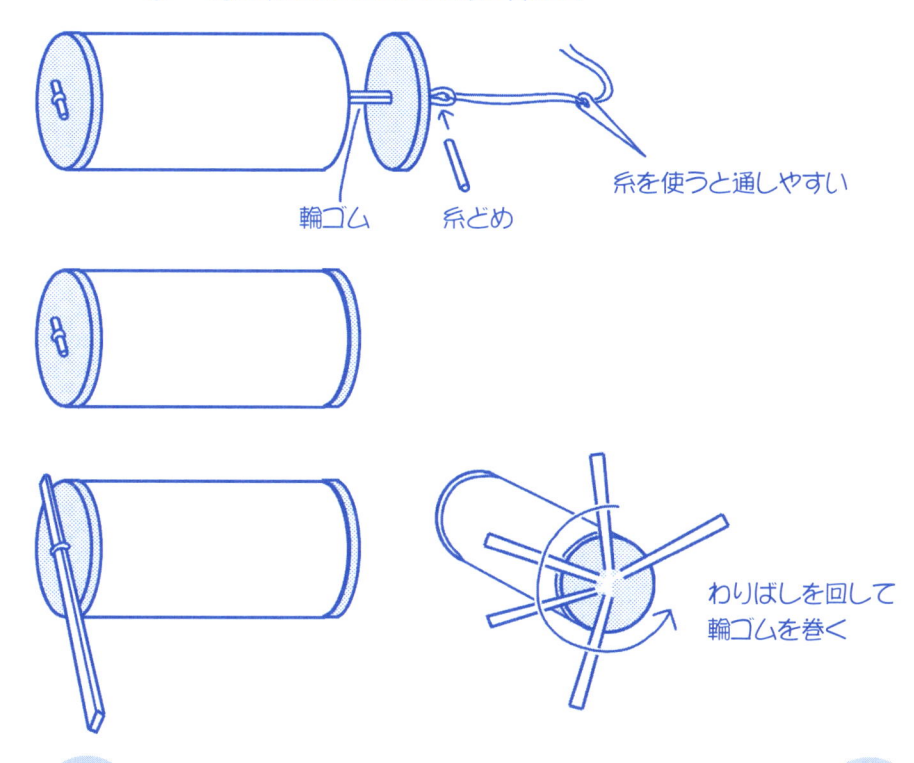

輪ゴム　糸どめ

糸を使うと通しやすい

わりばしを回して輪ゴムを巻く

応用

● 紙でボディーをつくって、かぶせてみよう。
● 大きい車輪のがんばり車もつくってみよう。

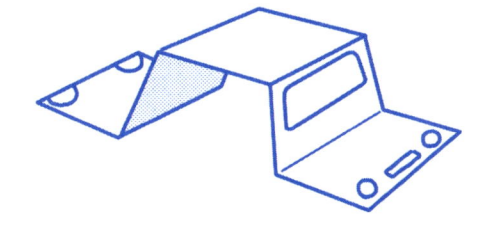

紙でくるまなどをつくってかぶせてみよう

4・5歳でやってみたいおもちゃ

下準備のススメ

　子どもたちにおもちゃを教えるときには、つくり方を教えようとするのか、おもしろいということを教えるのか、を考えて下準備をしましょう。
　本書は、ボクが定期的に講師に行っている、さかえ幼稚園（東京）の「フリーデー」のおもちゃの部屋でつくったもの、そこで改良したものを中心にかいてみました。フリーデーとは、お母さんたちの協力も得て、園の部屋をいろんなコーナーにして、子どもたちが好きな部屋に行って自由におもちゃをつくれる日です。ボクも「研せんせいのへや」という部屋をいただいて、おもちゃを教えています。
　おもちゃづくりは、3歳児から年長児までが入れ替わりやってきます。そこで考えるのが、3歳児でもできるもの、それでいて年長児も面白いもの、なのですが、これがなかなか難しい。3歳児ができるものでは、年長児には簡単すぎてつくりたいと思わないでしょう。ですから、すぐにつくれて遊んでみるとおもしろい、と思わせなければいけない。また、年長児には、アドバイスをするだけで、すごい、と思えるものになる。そんなおもちゃを考え、下準備も工夫します。
　以下に紹介するものは、その中でも印象に残ったものです。どこまで下準備をするかは、みなさんの目的に合わせて考えてください。

「サイコロじゃんけん」(P.16)
①組み立てるだけで済むように牛乳パックを切っておく。
②サイコロに貼るグー・チョキ・パーの絵を印刷しておく。
　あとは子どもたちが自分でサイコロをつくり、6面にグー・チョキ・パーの絵を貼ってできあがり。さっそくサイコロじゃんけんをして遊びましょう。

「紙皿のごちそうルーレット」(P.50)
①紙皿の中心に押しピンで穴をあけておく。
②線をひいたルーレット用紙をコピーしておく。
③ルーレット用紙に貼るごちそうの絵や写真を用意しておく（例：チラシの写真を切りぬく　食べものの絵をコピーする　など）。
　大人が手伝うのはボタンをボンドで貼る個所だけです。子どもたちは、紙皿に矢印をかき、好きなごちそうをルーレット用紙に貼ったりかいたりします。年長児ならいろいろなルールを考えて遊びを発展させますし、絵が好きな子はお菓子なども自分でたくさんかきますから、どの子も十分満足してくれるはずです。

「びっくりカエル絵本」(P.62)
①6cmの輪切りにした牛乳パックを用意しておく。小さい子用には切りこみも入れておくとよい。
②本の表紙を2つ折にしておく。
　子どもたちは、表紙に絵をかき、びっくりカエルをつくります。絵が好きな子なら本づくりの気分を味わえるでしょう。また、できたものは「びっくり箱」と同じですから、カエルを何個も本にはさんだり、長くつないで驚かせたりと、夢中になって遊びます。

「くるりっぱのキャッチサンタ」(P.74)
①サンタクロースの枠を印刷しておく。
②ダンボール紙を切っておく。
　子どもたちがサンタクロースを切り、絵をかいてダンボール紙に貼ります。できた後はトレーなどに乗せて、回転キャッチできるように練習します。年長児なら、高く放り上げる・回転数を増やすなど、むずかしい技にもチャレンジしてみましょう。

型紙……必要に応じて拡大・縮小してください。
サイコロじゃんけん（16ページ）で使います。

こっちだよ人形（10ページ）で使います。

まてまてこねこ（20ページ）で使います。

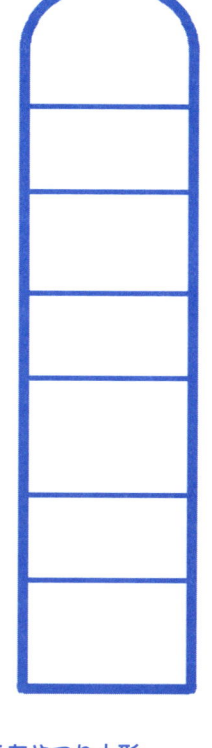

とっとこあやつり人形
（38ページ）で使います。

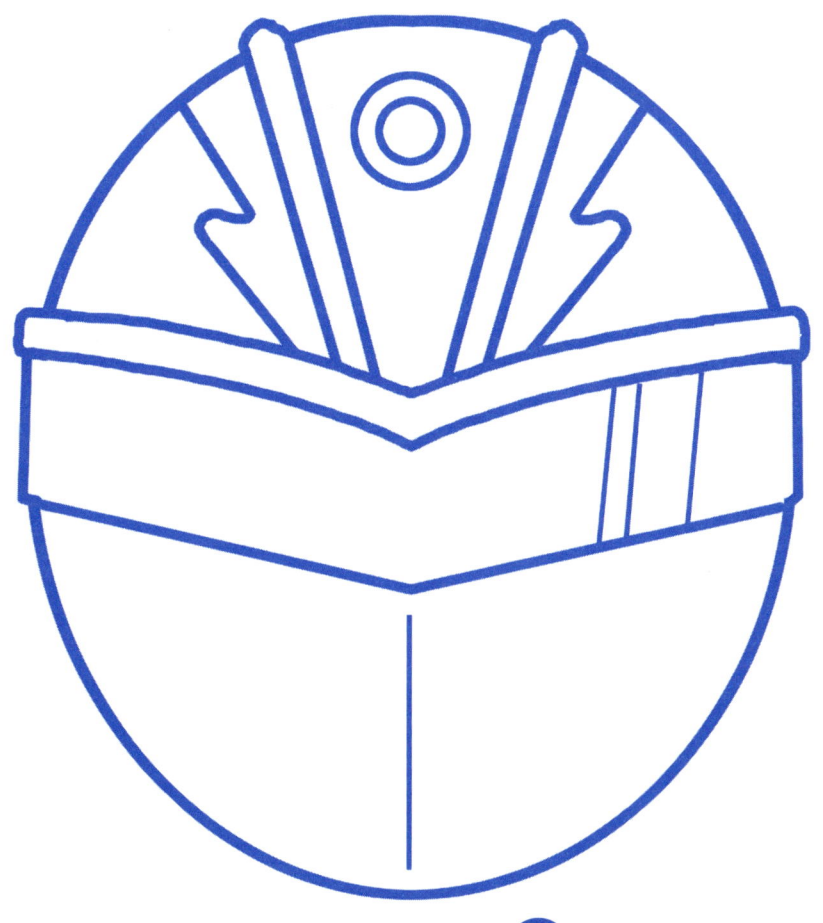

変身お面（64ページ）
で使います。

びっくりカエル絵本（62ページ）で使います。

ケロケロ出版 100エン

カエルくん

＿＿＿へ ・さ

とんぼグライダー（84ページ）で使います。

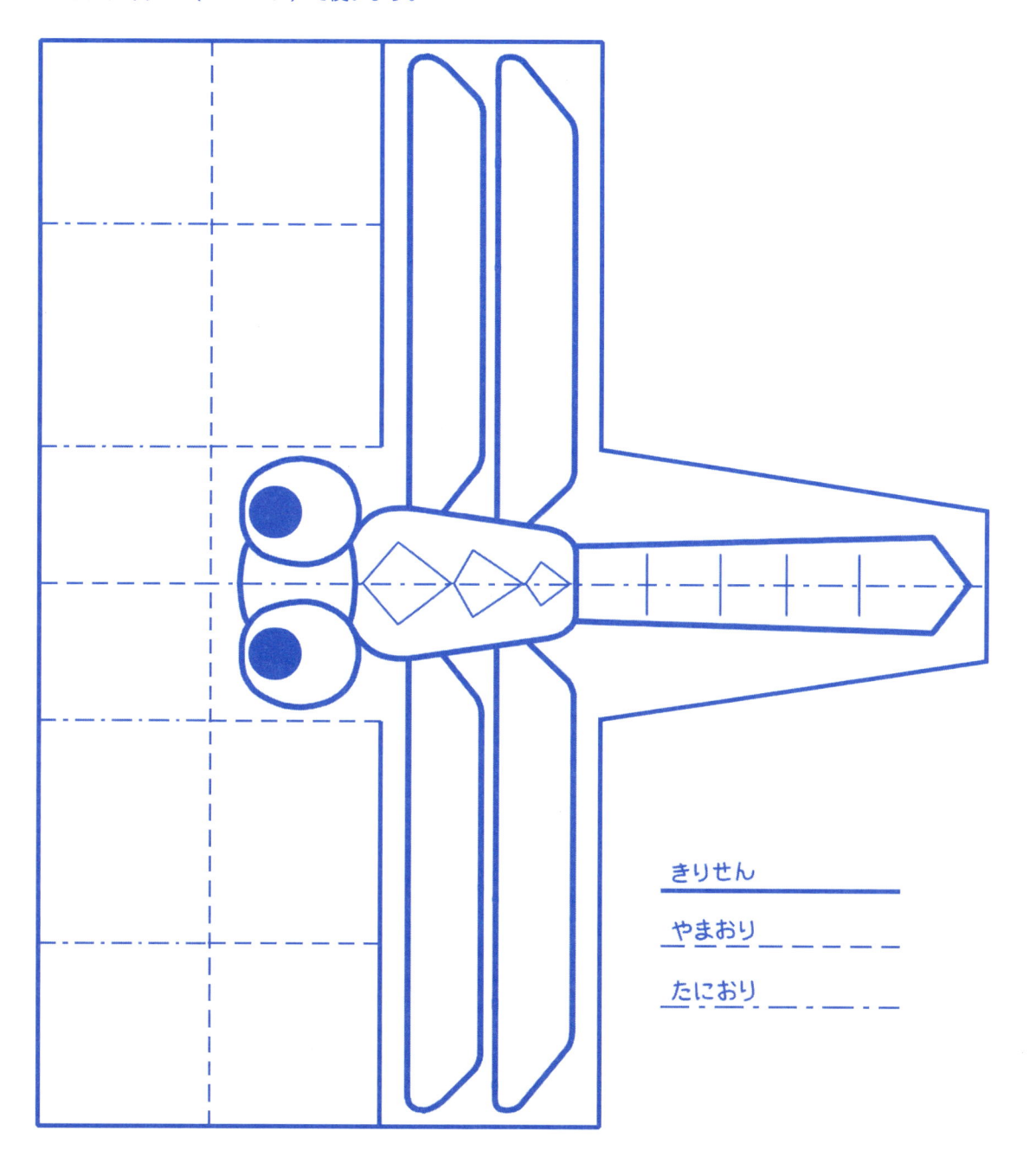

きりせん
やまおり
たにおり

編著者紹介

木村 研（きむら けん）
1949年 鳥取県生まれ
児童文学作家　日本児童文学者協会会員　こどもの本WAVE会員
著書
『一人でもやるぞ！と旅に出た』『おねしょがなおるおまじない！』
『おしっこでるでる大さくせん！』（以上、草炎社）
『999ひきのきょうだい』『999ひきのきょうだいのおひっこし』（以上、ひさかたチャイルド）
『わすれんぼうのぼう』（草土文化）
『子育てをたのしむ手づくり絵本』『遊ばせ上手は子育て上手』（以上、ひとなる書房）
「ゆびあそびシリーズ」（星の環会）
『手づくりおもちゃを100倍楽しむ本』『準備いらずの遊び・ゲーム大集合BOOK』
『おはなしぽけっとシアター』『まるごとバスレク　100倍楽しむ本』（以上、いかだ社）など

イラスト

藤田章子（ふじた しょうこ）
日本児童教育専門学校絵本科卒　キャラクターデザインの他に漫画も手がける
著書
えほん『こねずみちったのあいうえお』（くんぷる）
コミック『天使じゃないのよ』『ホップステップナース』（以上、桐書房）

ブックデザイン●渡辺美知子デザイン室＋リトルこうちゃん

年齢別 0～5歳
5分でできる手づくりおもちゃ 100倍楽しむ本

2008年3月12日　第1刷発行
2011年3月12日　第3刷発行

編著者●木村 研©
発行人●新沼光太郎
発行所●株式会社いかだ社
〒102-0072 東京都千代田区飯田橋2-4-10加島ビル
Tel.03-3234-5365　Fax.03-3234-5308
振替・00130-2-572993

印刷・製本　株式会社ミツワ

乱丁・落丁の場合はお取り換えいたします。
ISBN978-4-87051-220-7

本書の内容を権利者の承諾なく、営利目的で転載・複写・複製することを禁じます。